信用取引　株主優待

カラ売り　つなぎ売り

世界一わかりやすい
株の売り方

雨宮京子

SBI証券 投資情報部
シニア・マーケット
アドバイザー

フォレスト出版

はじめに

人生100年時代で、老後に2000万円足らない……。

給料が上がらないご時世、国に頼らず自助努力で乗り切っていかなければ、やすやすと老後も迎えられなくなってきました。

この低金利の時代に、コツコツと貯めて2000万円を作れるのでしょうか?

資産形成には貯めるだけでは追いつきません。やはり、殖やさないと……。ちょうど、世の中は「消費から投資の時代へ」と移っています。株価も、ひと昔前に比べて堅調になりました。

この本を手に取ったあなたは、すでに投資を始めている方かもしれませんし、これから投資を始める方かもしれません。

すでに投資を始めている方であれば、NISAを使って積み立て投資信託やイデコなどからやられている投資初心者から、実際に企業の株を売り買いしている中上級者までいらっしゃると思います。

また、これから投資を始めるにあたって、この本を手に取ったという方は、株の買い方だけではなく売り方も勉強しようという熱心な読者だと思います。

この本は「株の売り方」について解説した本です。

普通、株式投資というと「株を買う」、値上がった株を売って儲ける、または配当や株主優待を得るというものですが、この本は「株を売って儲ける」ということに重点を置いています。

そもそも「株を売って儲ける」とは、どういうことでしょうか？

株式投資とは、もともと株価が上がり下がりする値動きで儲けが生じます。ということは、株価が下がった差益でも儲けることができるということです。

つまり、株式投資とは、株が上がっても下がっても儲ける方法があるということです。逆にこのことを利用して、多くの海外投資家は、日本の株式市場が下降トレンドに入る前に売り抜けて、さらに株価が下がるところで売って儲け、底を尽いたときに買い出動をします。

一方、日本の投資家の多くは、そんな状況を見てから損切りしたり、塩漬けにしてしまうのです。これは日本人投資家が、売りの方法を意外と知らないということが原因と言われています。

株価が下がったときでも資産を守り、逆に増やすという「売り方」の知識は、これからの投資時代、必ず必要なものになってくると思います。

では、これからの株式市場はどうでしょう？

株価がその姿を反映する日本経済は右肩上がりになるでしょうか？

私は初めて社会に出たコムスメだった１９８７年に、ブラックマンデーを証券会社の銀座の店頭窓口で経験して、１９８９年の日経平均株価の史上最高値３万８９１５円を記録した一番いい時代を見ています。

その後、土地バブル、ＩＴバブルの２度の崩壊、リーマンショックなど、長い間には株を買って儲けることが難しい時期もありました。

そう、相場の環境が悪くなったとき、下がったときも、株式市場で儲けるには「売り」から入ればいいのです。

ところが、日本では長い間、株式市場では「売り」から入る投資家が敵視される風潮さえありました。

海外投資家から「なぜ、日本人は『売り』で儲けようとしないのか？　アメリカの高校生でも『カラ売り』の教育を受けており、知っていますよ！」という声が聞かれます。

相場は山あり谷あり……「休むも相場なり」という格言もありますが、相場が良いときは「買い」で、悪いときは「売り」で儲けましょう！

そのためには、信用取引の「カラ売り」をはじめ、売る知識を身につけなければなりません。その一助として本書を記しました。

あなたの資産が、どんな状況でも増えていくことを願いつつ、「転ばぬ先の杖《つえ》」として、本書を活用していただければ幸いです。

２０１９年12月

ＳＢＩ証券　投資情報部　シニア・マーケットアドバイザー　雨宮京子

世界一わかりやすい株の売り方◆目次

目次

第2章 株は下がるときでも儲かる！

第3章　信用取引、カラ売りの基本

第4章　「老後2000万円捻出計画」に株売りは必須

下の巻 株の売り方［実践編］

※本書で示した意見によって読者に生じた損害、及び逸失利益について、著者、発行者、発行所はいかなる責任も負いません。投資の決定は、ご自身の判断でなさるようにお願いいたします。

プロローグ

多くの投資家が株を買うだけで失敗する理由

プロローグ

多くの投資家が株を〝買う〟だけで失敗している

「私が株を買うとその銘柄が下がるんです。私だけが儲からない……。株式投資で、年金だけでは足らないと試算される2000万円を作るなんて無理。夢の話ですよねぇ〜」と、よくそんな声を聞きます。

いいえ、決してそのようなことはありません。これまで私はのべ約3万人の方々にアドバイスをさせていただきましたが、そのなかで何十人かは「億り人（おくりびと）」になりました。これは現実の話で、ビルを何棟も購入している投資家もいるのです。

そうした人は、「元手が多かったからでしょ」と、疑う人が多いかもしれません。でも、そんなことはなく、この本をお読みになっている方と同じくらいの、ごく普通の収入で、株式投資に向ける資金も億からはほど遠い資金から株式投資を始めたのです。

もちろん、プロの投資家もしのぎを削って参戦している株式市場ですので、それなりの投資手法、テクニックを備えていたことは事実。データ収集もマメに行い、株に精通していたと言えるでしょう。

でも、天性の才とか運といった話とは違い、普通の人が一生懸命、学び、身につけた技術で利益を出したのです。

誰でも「儲ける権利」は持っており、そのチャンスについて万人が平等にあると私は思っています。個人投資家の方々は、企業にあるコンプライアンスといった縛りもなく、誰にも文句を言われることなく、自由にいつでも売買できますよね。

では、儲かっている投資家と損をしてしまう投資家は、果たしてどこが違うのでしょうか？

一番大きいのは、**「知識」を備えているか**どうかだと思いますが、それだけではありません。その気になれば、株の知識は誰でも得ることができます。しかし、知識以外のものは……。

実は、まず自分自身を知ることが大切なのです。

あなたはもしかして「株で失敗するパターン」に陥っているかもしれません。だとしたら、その部分を直さなければなりません。本書を読む前に、まず、そこのところのチェックから始めましょう。

以下の質問に「ＹＥＳ」か「ＮＯ」でお答えください。

①日経平均株価が年初来高値更新、NYダウは史上最高値更新したにもかかわらず、あなたの保有する銘柄だけは、年初来安値を更新中である。

□YES　□NO

②現在、塩漬け株が多く、新規資金で株を買うものの、少し上がるとすぐ利益を取ってしまい、現在も含み損の大きい銘柄ばかりが残ったままである。

□YES　□NO

③保有銘柄が50銘柄以上ある。

□YES　□NO

④高値覚えをしているので、なるべく高く、1円でも高く売りたいと思っている。

□YES　□NO

⑤あなたが買うとなぜかその銘柄が下がり、売るとそこから上がるなど株式売買で、同じ過ちを3回以上、繰り返したことがある。

□YES　□NO

⑥保有株を売り、そこから別の銘柄を買ってスタートして、利益が多く取れた経験が何度もある。

□YES　□NO

⑦あなたは、優柔不断なところがある。

□YES　□NO

⑧売った株で、もう保有していないにもかかわらず、その会社の株価が気になるタイプである。

□YES　□NO

⑨あなたは投資のリスクが取れないほうだ。

□YES　□NO

⑩ロスカット（損切り）を一度もしたことがない。

□YES　□NO

YES／NOチェックはいかがでしたでしょうか？
以下、それぞれの問いに解説いたします。

①日経平均株価が年初来高値更新、NYダウは史上最高値更新したにもかかわらず、あなたの保有する銘柄だけは、年初来安値を更新中である。

YESの方はあまりいないと思います。なぜなら、全体の相場が強いときは逆行して安くなる銘柄が少ないからです。

にもかかわらず、そんな状態になっている場合、何らかの理由で最初からその銘柄を持ち続けると決めたわけでもないなら、早めに銘柄を乗り換えるべきでした。「動きにつく」とも言われます。値幅取りを狙《ねら》うなら、臨機応変に対処するようにしましょう。

②現在、塩漬け株が多く、新規資金で株を買うものの、少し上がるとすぐ利益を取ってしまい、現在も含み損の大きい銘柄ばかりが残ったままである。

NOでありたいものですが、YESの方が多いかもしれません。
株価が上がった銘柄ほど、どっしり腰を構えておきたいもの。反対に、下げた銘柄は見切りが肝心、「利を伸ばし、損を最小限に食い止める」の姿勢に変えましょう。ただし、あまり欲をかいてはダメ。このあたりのさじ加減が難しいのですが……。

③保有銘柄が50銘柄以上ある。

あなたがとてつもない資産家ならYESもありでしょうが、そうであってもおそらく、うまく立ち回らなければ塩漬け株のオンパレードにならないとも限りません。

それならETFやインデックス投信に全額投資したほうがいいですね。すべてに目が行き届くのは10~20銘柄程度。あまり広げすぎないようにしましょう。儲かっているのか、損をしているのかわからなくなるのは論外です。

④高値覚えをしているので、なるべく高く、1円でも高く売りたいと思っている。

これはNOでありたいものです。高値覚え、あるいは安値覚えは、時として致命的なミスを犯さないとも限りません。

ある意味、株式投資は自分の見通しの正確さだけではなく、心の中にある欲望との戦い。先行きの見方や売買のテクニックよりも、「1円のケチり」で、「売り場」を逃してしまい、それで運用成績に大きな差が生じるものです。

⑤あなたが買うとなぜかその銘柄が下がり、売るとそこから上がるなど株式売買で、同じ過ちを3回以上、繰り返したことがある。

YESの人は、見通す力が未熟であるか、投資方法が根本的に間違っているかのいずれかでしょう。株のクリニックがあるとしたら、すぐに入院して治療しなければならないレベルです。

見通す力は、しっかり勉強して解決するとして、原因がタイミングにある場合、売買する前にひと呼吸する、もう一度冷静に考え衝動的に注文は出さない――そうするだけで違ってくるはずです。

⑥保有株を売り、そこから別の銘柄を買ってスタートして、利益が多く取れた経験が何度もある。

YESでありたいものです。毎回、そんな感じであれば、この本は斜め読みするだけで十分でしょう。テクニックを磨き、さらなる投資成果を上げてください。

ダメと思った銘柄を見切り、良いと思った銘柄に乗り換えるのはベストですが、多くの方は、さらにダメな銘柄を買って「損の上乗せ」になっているのではないでしょうか。乗り換えの姿勢は悪くないので、あとは銘柄を見極める力を養うだけです。

⑦あなたは、優柔不断なところがある。

ＹＥＳと答えた人は、株式投資で失敗する可能性あり！　優柔不断は恋愛においてもダメですよね。優柔不断は何ごとにおいてもチャンスを逃し損することが多いものですが、株でも同じです。

「値段で買うな、時を買え」の相場格言通り、本当に「良い！」と思ったときに買えない人の多くは、いつまでたっても買えません。売買のタイミングが合わずして勝負には勝てないのです。

⑧売った株で、もう保有していないにもかかわらず、その会社の株価が気になるタイプである。

「死んだ子の年を数える……」ということは、世間でよく言われることですが、株式投資でそれを思っていたら、先に進まず、今後の売買にも影響を与えてしまいかねません。手放した銘柄については、スパッと見るのをやめ、今持っている銘柄だけに神経を集中させましょう。ＹＥＳなら、最初から売らなければいいのです。

⑨あなたは投資のリスクが取れないほうだ。

ＹＥＳのほうが、時には失敗するかもしれない――。

株はそもそも、ハイリスクハイリターンの世界。株式投資で大きなパフォーマンスを取りたいのであれば、リスクを取らないと相場には勝てないものです。そうした意味で、株式投資は余裕資金で行うのが鉄則。もちろん、個人によって取れるリスクは異なり、無理のない程度に行いましょう。

⑩ロスカット（損切り）を一度もしたことがない。

実はこれがYESとNOで投資成績が大きく異なる分岐点となるのです。

よく考えてみましょう。先行きが100％見通せる人はいないのに、結果に差が出るのはどこかに決定的な違いがあると思いませんか？

「儲けを大きく、損を最小限」が理想ですが、「すべてを儲けに」しようと思うので、逆に傷口が広がるのです。「損を最小限に」「損して得取れ」――相場格言にも「見切り千両」「投げ当たり」とあります。ここ、とても大事ですよ！

儲かっている投資家こそ、この「ロスカットルール」をしっかりと守っています。

上の巻

株の売り方

［入門編］

第1章

実践する前に知っておくべき「カラ売り」の心得

上の巻 入門編

1-1 なぜカラ売りが必要なのか？

「カラ売り」とはそもそも何なのか？

最初に、カラ売りについての基礎知識と、それを実行するための心構えを解説していきます。

カラ売りは、株式投資を行ううえで必要不可欠なテクニックの1つで、これを知っているのと知らないのとでは、投資の成果に差が出ても不思議ではありません。ですが、「生兵法は怪我のもと」というように、中途半端な知識で実行してしまうと、軽い怪我ですめばいいですが、致命的な怪我を負わないとも限らないのです。

しっかりと知識を身につけてから、カラ売りをうまく活用していきましょう。

カラ売りは、株式投資を行ううえで必要なテクニックと記しましたが、どうしてなのでしょう？

一般的に、株式投資のイメージは、銘柄を買って、それが上がったら売って儲ける——

カラ売りとは？

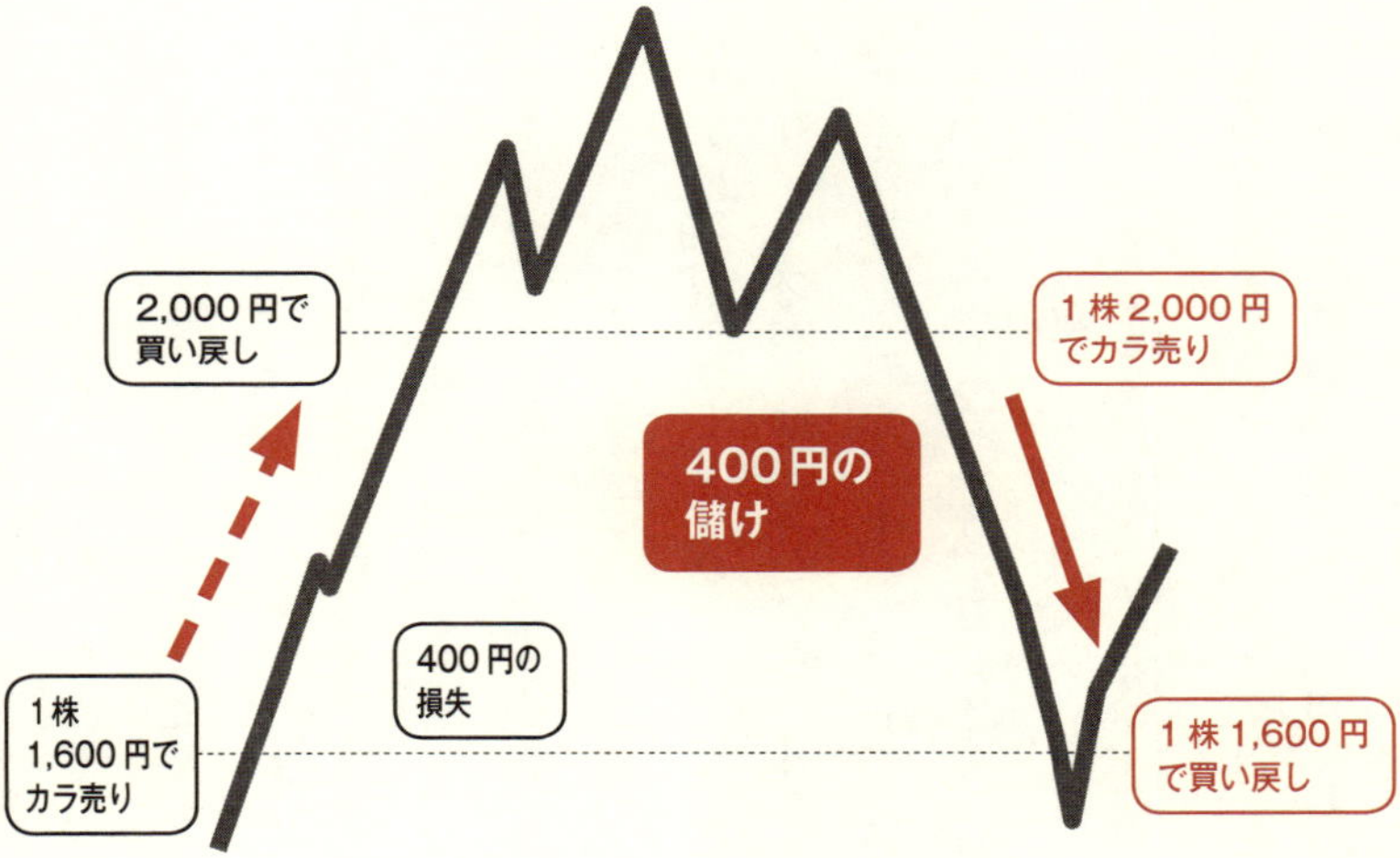

カラ売りのイメージ

① 銘柄を持っている誰かから株（1,600円）を借りる。

↓

② 株価が2,000円の時点で、借りた株を売る。
※1株当たり2,000円を手にしたことになる。

↓

③ 1,600円に下がった時点で、株を買う。

↓

④ 1,600円で買った株を①で借りた人に返す。

↓

⑤ 1株当たり400円が儲けになる。

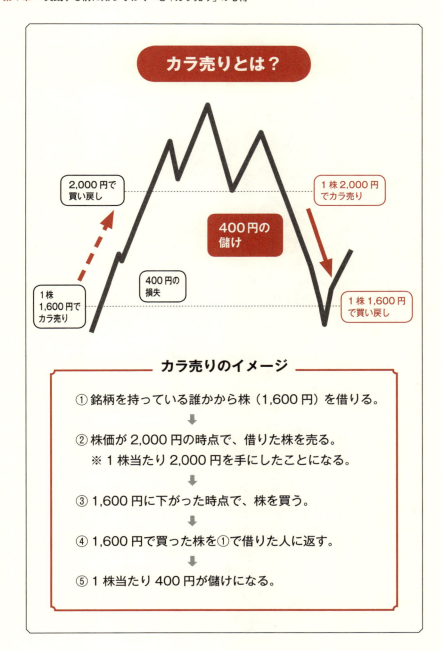

になります。企業が成長して利益をたくさん出すようになって株価は上昇するので、それは正しいのは言うまでもありません。

しかし、企業が利益を減らすだけならまだしも、赤字になってしまえば、高くなった株価を維持することはできません。利益を減らす企業が増える不況となると当然、全体的にも株価が下がるので株を買って儲けることは難しくなります。

そんなとき、最初に銘柄を売って、下がったときに買い戻せばどうでしょう。

株を買って値上がりしたときと同じように利益を出すことができます。しかしながら、手にないものを売ることはできません。そこで登場するのが**「カラ売り」**という方法です。詳しい内容は後述しますが、前ページにカラ売りのイメージを図にしてみました。この図の通り、カラ売りは手もとにない株を「借りて」売り、下がったあとに現物を買い戻して返す手法で、これなら下がると思った銘柄を売って、儲けることができます。

近年のアベノミクス相場を見ても、株式市場というのは、たとえ環境が良くなっても上がり続けるものではありません。どんなに強い相場でも、1本調子の上げというのは稀《まれ》で、「調整」と呼ばれる下落局面を挟みながら上昇していくのです。反対に、不況になれば、株価が下がるのは言うまでもないでしょう。

本来なら、下げ相場というのは、投資家にとってピンチな状態です。しかし、売りの知識を身につければ、**逆にチャンスに変えることも可能**――そうした意味で「カラ売り」の知識を身につける必要があるのです。

上の巻 入門編
1-2

上昇相場が続くというのは幻想にすぎない

日本の株式市場の歴史をひもといてみると、戦後からしばらく、何度も大きな山と谷を形成しながら上昇してきました。

その間、「スターリンショック」や「ブラックマンデー」と呼ばれる大暴落も経験していますが、戦後の復興から、高度成長経済と何度か起きた不況、「オイルショック」「バブル経済」と日本の経済の動きを、鏡のように反映してきたのが株式市場だったのです。

そして、大転換が１９８９年12月29日に訪れました。日経平均株価は３万８９１５円の史上最高値を更新したあと、バブル経済が弾《はじ》けたのです。この頃の日本経済、そして株式市場は、最も輝いていたと言えるかもしれません。

バブル崩壊後は、失われた20年として、日本がデフレ経済に苦しんだのは言うまでもありません。その後、「ＩＴバブル」や「新興国バブル」などありましたが、ＩＴバブルも崩壊、新興国バブルも「リーマンショック」で崩れ去ったのです。

そして現在は、2012年12月に当時の民主党政権から自公連立政権に変わったのをきっかけに始まった「アベノミクス相場」が続いています。

日経平均は2万円台まで回復し、1980年代のバブルが崩壊したあとでは最も高い水準で推移していますが、1989年12月の高値にはいまだ遠くおよびません。2000年に産業構造の変化を踏まえて、日経平均の採用銘柄の大幅入れ替えがあったため、一概に単純な比較はできませんが、その間、米国株式市場でダウが最高値を更新する中、**日本の株式市場は約30年、調整から抜け出していない**というのが厳しく見た現実です。


では、今後はどうなるのか?

もちろん、景気は好況と不況を繰り返しますし、技術の発展というのも国の経済に貢献します。しかしながら、日本は今後も少子高齢化が進み人口が減少、内需拡大は期待できません。加えて、国際競争力も落ちてしまっているので、そうした状況を踏まえると、そう簡単には日経平均が3万8000円まで回復するとは考えにくいと思われます。

そうです。**かつてのような右肩上がりの上昇相場というのは、今の日本では期待しづらい**のです。仮に上昇するとしても、かつてのように日本は高成長が見込めないので、1本調子のような上昇にはならないでしょう。

株価が下落するリスクが大きい――「カラ売り」を活用できる場面が、今後は何度も訪れるはずです。カラ売りの技術が今後、重要な投資手法となると考えているのは、こうした理由からなのです。

上の巻 入門編

1-3

「売り」を知っておかないと株式投資ができない時代に

１９８０年代の土地バブル、その後のＩＴバブルといった「バブル」と呼ばれたときは、どんな銘柄であっても現物で保有し続けていれば、いずれ上がるだろうなどと考えていた投資家が多かったのではないでしょうか。

実際に、最も株式市場が活況だった１９８０年代のバブルのときはそうでした。１部上場企業のすべての銘柄の株価が５００円以上となり、文字通り、どんな銘柄も上がった経緯があります。だから、バブルだったのでしょうけど……。

ところが、今はそんなふうに思ってはいけません。その理由を以下に記します。

まず、前の項で記したように、**日本の株式市場は右肩上がりの相場が完全に終わったと**

は言わないまでも、人口減少などでそうなる可能性が以前より高くなっているためです。過去の反省から、政策当局もバブルを容認するような政策は取らないでしょう。バブルのような全部の銘柄が上がるときがくる――正直に申し上げれば、それは古い相場観であると思います。

もう1つは、**マーケットに参加する投資家の見方そのものが変わってきた点**です。より利益成長が見込める企業に資金が向かうようになり、それ以外の銘柄はインデックスに連動する運用資金を除いて、資金が向かいにくくなりました。需給思惑だけで上昇する「仕手株」と言われる銘柄も今はなくなりました。

つまり、成熟し切った株は、生まれ変わるほど業容が一変しない限り、右肩上がりの上昇が見込めにくくなっているのです。

こうした銘柄は、新規買いの対象として注目されなくなっている半面、リーマンショックのような暴落局面では、流れに逆らうことなく大きく下げてしまうでしょう。業績動向に応じて、長期間、決まった値幅の範囲で推移する、チャート上のボックス圏で株価が上下することになります。

以上の点から考えると、一部の成長株を除いて、長期的な右肩上がりの相場は期待できません。**「持ち続ければ何とかなる！」といった浮世離れした考えは捨て去るべき**です。

しかし、ボックス圏で推移すると割り切ってしまえば、それを逆手に取ってチャンスが生まれることになります。株式投資の基本は、言うまでもなく「安いところで買って、高いところで売る」ことです。

今まで「買い」だけで投資を行ってきた方は、たとえば、ボックス圏で動く銘柄については、下がった場面でしか投資の機会がありませんでした。ところが、「売り」で入ることを考えれば、カラ売りを活用して上がった場面で売り、下がるときに買い戻す手法を使えば、**「買い」と「売り」で２回の儲けのチャンスを生かす**ことができます。

今の株式市場は、上昇だけを考えていては、投資の機会が半減してしまいますし、持ち続ければ何とかなるという時代ではなくなりました。だからこそ「売り」で入る投資法を知っておく必要が重要と考えています。

上の巻 入門編

1−4

少子高齢化で、熟成された相場➡下がる株も多い

前の項で、成熟し切った株はよほど業容が変わらない限り、本格的に上昇することはな

いと記しました。それは企業の成長、ビジネスの寿命といった話と関係します。

企業は創業してから、基盤固めを終えてビジネスが軌道に乗れば、面白いように利益が伸びていく時期があります。それが今までにない新しいビジネスで、世の中にどんどん普及していくものであれば、なおのこと伸びていきます。

たとえば、インターネットが初めて登場したとき、それに関係するIT関連のビジネスは日を追うごとに広がり、最初はベンチャー企業だったのが、いくつもの企業が大企業に変貌《へんぼう》を遂げました。

こうした企業、ビジネスが広がっているうちは、株式市場では成長株として買われます。ところが、サービスや商品が行きわたり、そのビジネスの市場が伸びなくなったらどうなるでしょう。横ばいならまだしも、商品やサービスが必要でなくなったら、売上高と利益が減っていくので、成長していたときのように、もはや株価が上がることはありません。

そう、**今成長している企業はやがて成熟していく**のです。

もちろん、技術革新で新たな需要を作り出す企業や、国内だけでビジネスをしていたのが海外進出によって活路を見いだす企業もあり、成長を続けるケースも少なくありません。しかし、成熟したまま、将来的に大きな成長が見込めない企業が多いのも事実です。

人口が増えている状態であれば、商品やサービスを買う人は自然に増えるので、なだらかであっても成長は見込めます。しかし、今の日本は少子高齢化が急速に進み人口が減っていきます。海外に活路を見いだす、あるいは新しいビジネスを展開しない限り、需要の拡大は見込めません。株価は将来の利益成長を先取りして上昇していくので、そうなると、上がる株が少なくなります。

そうしたことから、**日本の株式市場を見てみると、成長が期待できない企業が多く上場しているという意味で、すでに熟成している**と言っていいかもしれません。つまり、下がる株が多いと判断することができるのです。

たとえば、どんな株かと言えば、人口が減っているのにもかかわらず、日本にだけしがみついているような企業。海外展開をしていない流通業やメーカーなどは厳しいかもしれません。

一方、技術革新や海外への積極展開など構造改革を行っている企業は、株が上がる余地が大きいと見ることができ、カラ売りを仕掛ける場面が相対的に少ないでしょう。どんな株が下がりやすいのか具体的なことは後述します。

上の巻 入門編

1-5

買うと下がる⬇逆に売りから入っても儲かる

話は変わりますが、株に関わるようになってからの32年間、私は約3万人の投資家にアドバイスさせていただきました。

話をする中で、よくあるのが「私が株を買うとその途端、株が下がってしまう。どうして？ と思ったのは一度や二度ではありません」「もう持っていても仕方ないからと損失覚悟で売るでしょ。すると、売ったその瞬間からぐんぐんその株が上がり始めて……。損どころか、持っていたら儲かったのに！ ショック！」など、自分の読みがはずれることに対する嘆《なげ》きです。

こうしたお客様とお付き合いして、「そろそろ売り場か」といったときに、これはまだまだなと思って買ってみると、良い運用成績が出たりしてしまうことがありました。

ただ、これらは「売り」で入る発想がない、常に「買い」だけの一方通行の投資方法しか知らないことから起きるような気がします。

どういうことかと言うと、どんな銘柄でもそうですが、上昇相場の天井付近ほど商いがふくらみます。つまり、人気になって「買いたい」と考える人が天井付近では多くなることを示しているからです。

冷静に考えると、反対に**「買い」と同じ数だけの「売り」**が存在します。この売った人たちは、それ以上の高値がないわけですから、確実に儲かっているのは間違いありません。そう、「買い」の発想だけしかなければ、こうしたチャンスをモノにすることができないのです。

「人気がある株は怖くて売れない。上がり続けるかもしれないじゃないか」と思われるかもしれませんが、人気株であろうとなかろうと、そして「買い」であろうと「売り」であろうと、リスクが大きいのは同じです。どうせ同じリスクなら、1つの方法に縛られるのではなく、2つの方法を臨機応変に使い分けて、利益を得る機会を増やすということを言いたいのです。

一方、「持っている株を損失覚悟で売ったら上がってしまった」というケースでは、おそらくその銘柄が商いが薄く人気のない場面が多いと思います。塩漬け株なのでしょうが、それらは信用取引の担保として利用することもできますので、売る前にどのように対処するのかを冷静に考えてみましょう。

上の巻 入門編

1-6

幸せ、不幸せは紙一重➡軌道修正するために売りの知識を

株式投資をしていれば、買ったら下がり、売ると上がる――そんな経験を何度かしたことがあるかと思います。

運もあるでしょう。売上高が順調に伸びていると見て、輸出型の企業を買った途端、「トランプ大統領のツイートをきっかけに、円高が進んで急落。もう、私が買う前にツイートしてよ」とか、我慢に我慢を重ねて持っていた塩漬け株をあきらめて投げ売りしたら「その翌日に、業績の上方修正を発表してストップ高に。あ～あ、ツイていない」など。たしかに、ありがちですよね。

これらは極端な例としても、読み間違いは誰にでもあること。しかし、自分の読みがずっとはずれ続けているとしたら……。

幸せとは、人それぞれ感じ方が違うかと思いますが、不幸と思ってしまったときに、ちょっと軌道修正することで、運命が変化してくるときってありませんか。

株式投資も同じです。「買い」と思ったときこそ、カラ売りを仕掛けて、「売り」と思っ

たときこそ、買い戻す。真逆の発想で流れを変えてみるのもいいかもしれません。

よく評論家の大先生が思いっ切り強気で「買い」と言ったときはカラ売りで、弱気になったときこそ買いで——、「当たり屋につけ、曲がり屋に向かえ」というのは、株の世界でよく言う格言ですが、自分がどうしても曲がっていると思った場合、思いに逆らってあえて〝反対をいく〟ことがとても大切だと考えてみる投資判断も必要なのです。

上の巻 入門編

1-7 カラ売りで実際にどんな儲けと損があるのか？

さて、カラ売りできる銘柄ですが、基本的に信用取引ができる銘柄であれば、どれでも可能です。ただ、証券会社によって取り扱いが異なることもあるので、問い合わせて確認する必要があります。

具体的に、カラ売りとは、どんなものなのか？

以下に儲かった例と、損をした例を示しますのでイメージしてみてください。次ページにカラ売りで儲かった例、39ページにカラ売りで損をした例を挙げてみます。

カラ売りで儲かった例

曙ブレーキ工業（7238）

➡ 日足チャート、移動平均線は5、25日線

出所：SBI証券より作成

カラ売りで損をした例

オリエンタルランド（4661）

➡日足チャート、移動平均線は5、25日線

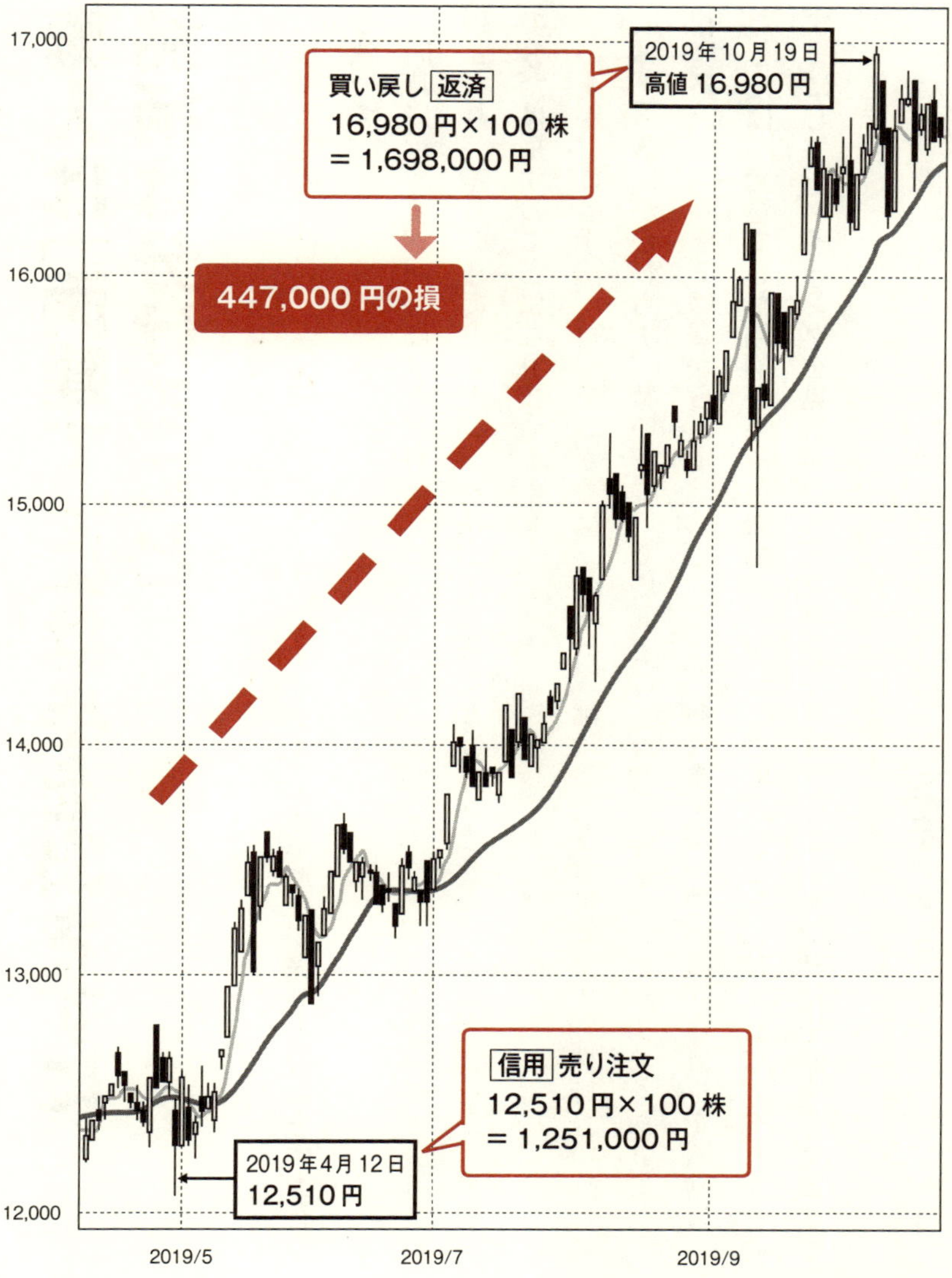

出所：SBI証券より作成

上の巻 入門編

1-8

素人は「両建て」には手を出さずに銘柄は分けること

信用取引の手法に、「両建て」というものもあります。文字通り、売りと買いを両方行う手法です。

同時に行って、同時に反対売買すれば、上がった分がそのまま買いでの儲けと売りでの損となり、差し引きでトントン、利益が生じることはありません。それどころか、手数料の分だけ損することになります。

ですが、この手法、コツをつかめば、効率的に儲けることも可能です。株価というのは、上昇・下落にかかわらず、勢いがついた場面では一方通行になることが少なくありません。相場格言に「両建ては損からはずせ」というのがありますが、勢いのあるほうを残せば、たとえば、両建てした銘柄が急落した場合、損している買いを先にはずして、売りをそのままにして、タイミングを見計らって反対売買すれば、トータルで利益を確定させることができます。

ただし、慣れればその限りではないながら、とても高度なテクニックで、たいていは、

両建てとは？

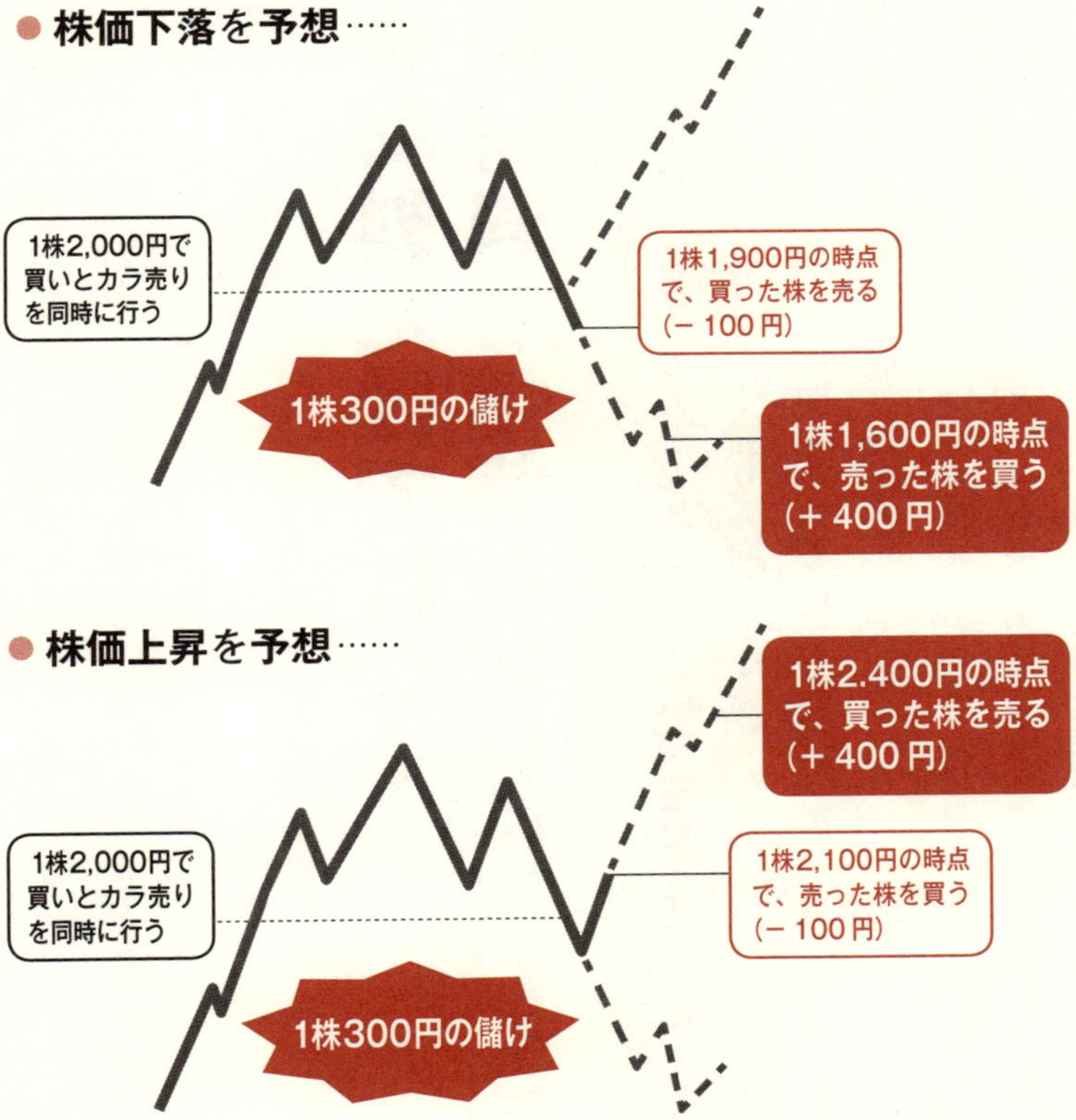

同一の銘柄を買いとカラ売りのポジションを同時に持つ「両建て」ですが、上の図と逆のパターンなら損失の傷が広がります。初心者は手を出さないほうが無難。

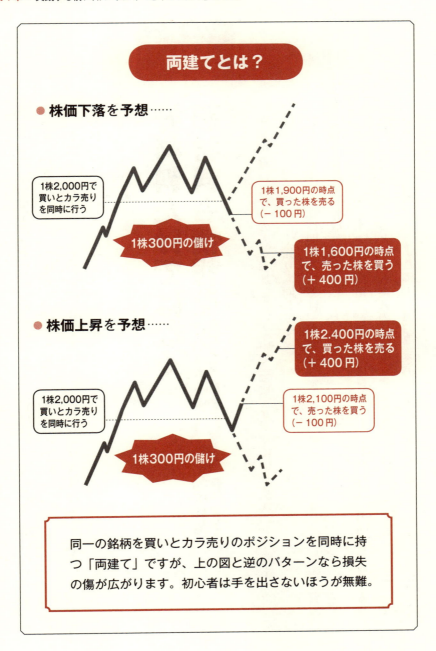

利益のあるほうを先にはずしたくなり、損をしているほうを何とか取り戻そうとして傷が広がり、結果、トータルで損してしまうことが少なくありません。

テクニックの1つとして紹介はしますが、あくまでもプロ級の人向けの手法で、カラ売りの初心者は行わないようにしましょう。

上の巻 入門編

1-9

好材料だけではなく悪材料も情報を取りにいく時代

株式投資は、多くの人が参加していく中で「情報を取りにいく時代」となりました。それは、買いだけではなく売りも同じです。

ひと昔前まで、株に関する情報は、機関投資家などプロが早く察知し、一般の投資家はあと追いで、情報の取り方からして大きなハンデとなっていました。

しかし、インターネットが生活に密着するほど普及し、無料で多くの情報が取れる時代となり、以前に比べるとプロも素人の投資家も情報に関する格差がなくなってきています。

ただ、その情報源は、まさに玉石混交《ぎょくせきこんこう》。その中から、確度の高いものを活用するように

お勧めの情報源

◎日本取引所グループ（PJX）
「適時開示情報閲覧サービス」
https://www.release.tdnet.info/index.html
上場企業の開示情報は「適時開示情報閲覧サービス」より公表することが義務づけられています。プロの投資家もここを見ています。新設優待や廃止などはキーワード検索「優待」と入れておくと便利です。

◎東証マネ部！
東証が配信している第一線で活躍するプロが語る！ 資産形成のすゝめ
https://money-bu-jpx.com/special/professional/
見やすく、通勤電車の中でスマホで見る方が多いと言われています。

◎株探（Kabutan）
https://kabutan.jp/
市場ニュース　明日の株式相場戦略が的確。本日の市況解説と明日の戦略やテーマなどが簡単・わかりやすく掲載されています。株のお姉さん（私）も解説することがあります♪

◎日本経済新聞
https://www.nikkei.com/
日経新聞は毎日、読んでおきたいものです。

◎会社四季報オンライン
https://shikiho.jp/
『会社四季報』は投資のバイブル。年４回購入しましょう。

◎ブルームバーグ
https://www.bloomberg.co.jp/

◎ロイター
https://jp.reuters.com/investing/markets
この２社で海外情勢を確認しておきましょう。

◎世界の株価
https://sekai-kabuka.com/
米国市場や海外市場の動向、為替やビットコインも画面が大きくてとても見やすいです。

◎デイトレードアイランド
http://www.daytrade-island.com/
すべてが網羅されています。株主優待、配当や信用取引の信用残や逆日歩などが載っています。

◎ SBI 証券
https://www.sbisec.co.jp/ETGate
SBI 市況セミナー。動画７分で分かるその日の相場概況。

◎ラジオ日経
http://www.radionikkei.jp/
パソコンの株価画面を見て売買するときは、耳で株価情報を聞いておくと便利。

◎日経 CNBC
www.nikkei-cnbc.co.jp/
専門家が独自視点でライブ解説。

◎ストックボイス TV
https://www.stockvoice.jp/
東証アローズブースからライブ中継。

して、パソコンの「お気に入り」に入れておきましょう（前ページ参照）。

たとえば、東証の適時開示情報などは、企業業績を知るうえで不可欠な情報源でしょう。その公表も決められた時間に「ヨーイドン！」で開示されるため、プロでも素人でも平等に情報が取ることができます。

カラ売りの場合（主に悪材料かもしれませんが……）でも、情報はマメに取ることが重要です。こうすることで、儲けの道へとつながるのです。

第2章

株は下がるときでも儲かる!

上の巻 入門編
2-1

「天井三日、底値百日」はカラ売りチャンスの相場格言

株式の世界では、いろいろな相場格言があります。その多くは江戸時代に盛んだった米相場で生まれ、現在まで引き継がれたものです。

ちなみに、江戸時代に大坂の堂島市場で行われた米相場では、世界で初と言われる先物取引が行われていたのですから、そこから考えてみると、「日本人は相場に強い」「相場観がある」と感じるのですが、いかがでしょう？

そのような歴史がある相場格言には、昔の人の知恵が詰まっています。実際にあった経験から生まれたものばかりなので、説得力があるのは言うまでもありません。そうした、たくさんある相場格言の中から、株価の動きをよく表わし、また、「カラ売り」が相場のテクニックとして大切と思わせるものを1つ紹介しましょう。

その相場格言とは、

「天井三日、底値百日」

これは、**「株価が天井をつける本当に強く上昇する期間はほんのわずかで、残りの期間は株価の動きが弱く、調整期間が長い」**ということを意味しています。

実際には、3日よりも上昇する期間は長かったり、一方で、底値圏に位置する期間は、100日よりも短い、あるいはそれ以上に長期化することもあります。いずれにしても、株価は低迷する期間のほうが長いため、信用取引において、買いで入るよりも、カラ売りのほうがチャンスは多いと見ることができます。

天井を形成するような上昇局面では、カラ売りをしていた人が焦って、買い戻しを急ぎ、結果として株価の上昇ピッチが速まることが多いのですが、急な上げでしんどい思いをしながらも、その苦しい短い時間を乗り切りさえすれば、長いチャンスが待っていることが多いのです。

ちなみに、大相場となった場合は、最後のひと噴きが上昇過程の中で最も大きな値幅になることが大半ですが、天井三日というのはこうした株価の性質も言い表わしています。

上の巻 入門編

2-2

カラ売りでリスク回避——下げ相場に備える

さて、もう少し実践的なことに話を進めましょう。今後の相場は下がる場面が多くなる可能性が高いと第1章で記しましたが、資産を減らさないためにも下げ相場に備えることが重要です。

カラ売りというと、高いときに株券を借りて売り、安くなったら買い戻して利ざやを抜き取る、そんなイメージを浮かべる人が多いでしょう。本書も、そうしたことを中心にカラ売りの魅力を伝えることを第一の目的としています。

しかし、カラ売りは利ざや稼ぎの手段として、活用するだけのものではありません。**保有している銘柄が値下がりしたときの保険、いわゆる「ヘッジ目的」で活用する**ことも重要です。

カラ売り専門の投資家もいますが、現物株を投資しながら、合わせてカラ売りも行う人が少なくありません。

「景気が悪化し、どうも株価の先行きが怪しい」「株価が急騰したが、今後は下がりそうだ」というようなときに、利益が発生している持ち株をカラ売りして、値下がりリスクを回避する方法もあるのです。

何しろ、先ほどの「天井三日、底値百日」の相場格言に従えば、**いったん上がった銘柄が調整すると長い期間、浮かび上がることはありません**。そのため、上昇が加速しているときには「まだまだ上がる」と、ついつい欲をかいてしまいがちです。しかし、冷静に判断して、来る反落相場、いわゆる下げに備えることが大切です。

たとえば、買った値段がかなり上昇したあとだったと、のちに気がつくことがあるかもしれません。そんなとき、迷っているうちに反落し、そこからの長い調整で投資家が最も忌嫌う〝塩漬け〟にならないとも限りません。

のちほど、持ち株のヘッジ売りについてのテクニックに関しても解説しますが、迷ったときにカラ売りでヘッジすれば、儲けが2倍になるチャンスもできますし、読みがはずれれば、持っている株で埋めてしまえば損も発生しないので、より効率的な投資が可能になります。

一度買った株については、常に「売り場」を意識して、下げに備えることを心掛けましょう。

カラ売りで縦横無尽に投資戦略が増える

銘柄を買うだけの投資方法は、ある意味、株式市場に対して〝一方通行〟で臨んでいる格好となりますが、投資の手法として「カラ売り」をマスターすれば、バリエーションが増えて、どんな相場に対しても儲けるチャンスが訪れることになります。

たとえば、相場格言にある「売り、買い、休む」では、「買い」のチャンスは上昇相場のみ。これに「売り」が加われば、下落相場でもチャンスが訪れるのは、これまでも書いた通りです。

「休む」については、売り買いいずれも手が出せないので、文字通り休まざるを得ません。たとえば、上げと下げ、いずれの材料にも乏《とぼ》しく、株価がこう着状態となる、いわゆる「べた凪《なぎ》相場」のときがそれにあたります。

そんなときは、無理して仕掛ける必要はありません。相場が上下いずれに振れるか、待てば良いのです。

もっとも、個別銘柄に関して言えば、すべての銘柄が凪の状態というのは考えにくいので、短期の値幅取りを専門に行っている投資家にとって、「休む」はないのかもしれませんが……。

投資手法が増えたところで、いろいろな作戦が取れるようになります。

上昇相場というのは、全面高になる場面はそう多くありません。たいていは、「循環物色」と言って、場面ごとに相場の主役を交代させつつ、いわば個別の銘柄、業種、「何々関連」といったグループが代わりながら上昇します。個々に二進一退を繰り返しながら、指数が上がっていくものなのです。

つまり、今週は内需関連株が買われ、輸出関連株は調整、次の週は反対に輸出関連株が反発し、内需関連株は反落といった感じで、物色面で同じ動きにはなりません。

前者の場合では、「内需関連株買い、輸出関連株売り」（内需株を現物、あるいは信用取引で買って、輸出株を「カラ売り」する）といった投資戦略が有効と言えます。縦横無尽に動くことでチャンスも2倍、3倍にふくらみます。

一方、保有している現物株についても、投資のバリエーションが多くなります。

たとえば、次のようなケース――長く持っていて、そこそこ利益が出ている株が突如急騰、ところが、株主優待制度がとても魅力的なうえ、中長期的に利益成長が見込めるために手放すのが惜しい――そんな場合に、いったん、急騰した動きに合わせてカラ売りしてみるのは、とても効果的になります。

それまでの動きがおとなしかった銘柄は急騰した場合、人気がいったん去ると、長い調整を迎えるケースが大半であるため、ほぼ売り場と言えるのですが、魅力に感じる銘柄であると、売るのが惜しくなり、下がってから「あ〜あ、売れば良かった」と後悔する投資家が多いことでしょう。

それをカラ売りして、人気が去って下落した場面で買い戻せば、利益が確保できるうえに現物は保有したままなので、株主優待制度を変わらず受けつつ、中長期的な利益成長を待つこともできます。運悪く、急騰後も上げ続けて担がれてしまっても、保有株を「現渡し（反対売買のとき、差金決済ではなく、持っている現物株で決済する）」してカラ売りを手仕舞えば、損をすることはありません。

上の巻 入門編

2-4

実は、下げ相場こそチャンス

「人生、山あり谷あり」と言いますが、相場も同じで、山あり谷ありです。山を形づくるとき、宝くじが当たって突如、生活が一変するということはありながらも、多くの人は地位を高めたり、ビジネスでお金を稼いだりするのには、時間が掛かるのがほとんどでしょう。株価も同じで、上昇して天井を形成するまでには時間を要するものです。

もちろん、宝くじが当たるような、突如、急騰する銘柄もありますが、多くの場合、上昇する過程で大きく株価を上げるのは、天井を打つ最終局面として考えられます。そんなことから、最後にひと伸びする上昇の最終局面のことを「仕上げ」と言ったりします。

反対に、下落するときは、上昇する時に比べて、〝あっと言う間〟というのが少なくありません。この点は、人や企業が悪事を働いて信用を一瞬で失ってしまうのと似ているかもしれませんね。

下げ局面、特にあとで天井を打ったとわかるときのような下げでは、文字通り「坂道を転げ落ちる」ようになってしまいます。ウォール街の格言に**「落ちてくるナイフに近づくな」**というのがあるのですが、ストンと値を下げるような銘柄を「安くなったから買おう」と思って近づくと怪我をしてしまう――この格言は、安易に下げる株を買うなという戒《いまし》めと言えるでしょう。

逆に言えば、「落ちてくるナイフ」は、「カラ売り」のチャンスです。上げ相場に比べて、下げ相場のスピードのほうが速いので、それだけ効率的に利益を上げやすいと見ていいのかもしれません。

こうした下げ相場、株を持っているだけなら気が気ではなくなります。しかし、売りで入ることをいとわないのであれば、これほどの好機はないでしょう。実は、下げ相場ほど、短期で値幅を取りにいくチャンスと言えるのです。

もう1つ、別の相場格言から、下げ相場がなぜチャンスかという理由があります。その格言は「上げはバラバラ、下げは一緒」というものです。

先ほど、相場全体の上昇局面は循環物色で形成されると説明しましたが、代わる代わる主役が変化する様は、文字通り「上げはバラバラ」ということになるでしょう。ところが、下げ相場においては、過去の相場で何度か襲ったショック安を見るまでもなく、全体的に下げることが多い、つまり、現象面で「下げは一緒」となるのです。

「上げはバラバラ」というのであれば、「どの銘柄が上がる」と買う銘柄の候補を絞ったあとに「どれが一番上がる」と2段階のスクリーニングが必要ですが、「下げは一緒」というのであれば、全体的に下げるのですから、スクリーニングは「それが一番下がる」と一段階の作業のみ。

もちろん、すべての相場がこれらに当てはまるわけではありません。しかし、過去の相場を振り返っていただければ、下げ相場のほうが手掛けやすいということに気がつくでしょう。

右肩上がりの相場が見込みにくい現状では、これから「売り」で儲けるチャンスが何度も到来するはずです。

上の巻 入門編
2-5

「売り」は「買い」の100倍難しい!?

現物取引の「買い」でも、信用取引の「買い」の場合でも同じことが言えますが、潤沢な資金力さえあれば好きなだけ買うことができます。それは、日本の株に限らず、どの国の市場でも相場が続く限り、いつでもどんなタイミングでも買うことができます。
そこで、お聞きします。あなたはどんなタイミングで「買い」の注文を入れていますか？

(1)上昇トレンドの途中を順張りで買う
(2)下降トレンドにある時の押し目、もしくは底打ちしたあたりを買う
(3)ボックス圏の上下のトレンド内の下値を買う

(1)〜(3)で人によって答えが違うと思います。ちなみに、この質問について、どれかが正解ということはありません。すべて正解で、この中でどのタイミングでも「買い」注文を入れられます。少しでも株をかじったことがある人なら、それを実行できるかどうかは別としても（人気が過熱した銘柄をつい買ってしまうこともあるでしょう）、これらの買いのタイミングは感覚的につかめていると思います。

ところが、売りの場合は同じようにできるかどうか疑問です。「売り」注文はどこで入れたらいいのか迷う人が少なくありません。**単純に「買い」のタイミングの逆とはいかないからです。**

たとえば、「上昇トレンドの一番高いところで売りたい！　ここが天井だ」と思って少し高めの指値を入れたら約定（注文した売買取引が成立すること）してしまい、その後、ぐんぐん上昇してしまうケースなどです。売ってしまったところからさらに上がり、むしろ、そこから「買い乗せ（増し）」したほうが儲かったという経験をした人もいるでしょう。

また、下降トレンドの途中で、下落して含み損が耐え切れずに（もっと下がるかもしれないと思い）、覚悟を決めて思い切ってロスカット（損切り）したら、そこがどんピシャリ大底だったということもよくあること。トレンド転換の見極めが重要なのですが、それは相当のベテランの投資家であってもつかむことが難しいのです。

考えてみれば、買ったあとに上昇、利益を確定するタイミングを探るのは難しいのですから、そのタイミングは同時にカラ売りのタイミングになるわけですから、難しいのは当然。ベストな状態で「売り」はなかなかできません。

そこから、プロの投資家は言います。「売り時」は「買い時」の100倍難しいと……。

上の巻 入門編

2-6 「下がれば儲かる」のは実際にどんなときか？

「売り」のタイミングはとても難しいと記しましたが、ツボにハマれば、これほど〝おいしい〟ものはありません。

何しろ、重力と一緒で、上がるよりも落ちるほうが速い。お金を稼ぐのは難しく、とても努力を要しますが、損をするのはボーッとしていれば、あっと言う間。株価が上昇するのは、利益が増えることをベースとしているので、逆にとらえれば落ちるほうが速いというのは、ある意味、当然と言えば当然と見ることができます。

さて、ここからは少しずつ実践的なことに話を進めていきましょう。下がれば儲かるというのはどんなときか、具体的に説明します。

まずは、株式投資の基本のおさらいからです。いかなる場合でも、株を買って儲けが出るのは、買った値段よりも高くなったときというのは言うまでもありません。株は「安くなったときに買って高くなったときに売る」のが基本です。

つまり、カラ売りで儲けるなら、その反対のことをするだけです。**「高くなったときに売って、安くなったときに買い戻せばいい」**のです。ツボにハマれば〝おいしい〟と言いましたが、買いにもタイミングがあるように、闇雲《やみくも》に売ってはいけません。

高くなったときの具体的な売りのタイミングを、以下に示してみました。相場全体が崩れたとき、明らかに下降トレンドにあるときはどの銘柄も共通しますが、ここでは個別の動きに関して言及します。

◐材料が出尽くした

何か、その銘柄に期待できる材料があって株価が上昇。それが実際に出たあとの株価は反落するケースがほとんどです。たとえば、決算発表が近づき好決算の発表が予想される場合、実際に発表された段階で材料出尽くしになることが少なくありません。

◐人気のピークが過ぎた

出来高を伴って株価が上昇した場合、その多くは天井を打つ直前に出来高が減り始めます。それが人気のピークが過ぎたことを示すケースが少なくありません。人気が過熱して急騰している銘柄で、出来高が減り出したらチャンス到来です。

◐悪材料が飛び出した

会社側が立ち会い中に悪材料を発表した場合、運良く、そのタイミングで売れれば、儲けのチャンスになります。ただ、乗り遅れた場合、深追いはやめましょう。業績に影響する悪材料なら下げも長期化する可能性もあるので、いったん戻ったところを狙います。

上の巻 入門編

2-7

同じチャートでも買った人は損、売った人は儲けになる

株価の動きを示すチャートというものは、見る人によって有利、不利はありません。ところが、同じチャートであるのに、その時点で買う人と売る人がいます。その後、株価が上昇すると、当然のことながら、買った人は儲けが出て、売った人は損が出るのですが、

なぜでしょう。

材料の良い、悪いは、よほどのへそ曲がりでない限り、間違った判断を下すことはありません。業績が赤字の見通しになる場合、需給やほかの材料を考えずに、業績だけが手掛かりになっていれば、100人中100人が株価は下がると予想します。

しかし、チャートの場合は解釈が難しいパターンもありますが、多くは間違った見方をしてしまったと考えられます。

ソフトバンクグループ（9984）は全般に軟調相場のなか、7連騰。売買代金は東証1部上場企業の中で群を抜いている。前週末に米司法省が同社傘下の米携帯通信会社スプリントとTモバイルUSの合併を承認、これが改めて買い材料視されている。ビジョン・ファンド第2号立ち上げによる人工知能（AI）関連企業への投資にも期待が大きい。市場では「買いの主体は外国人投資家で、日本株全般が見送られる中にあって同社株への海外マネーの関心は高いようだ」（国内ネット証券アナリスト）としている。

（株探より）

これだけの材料が出ると、調整しながらまた上昇するのではないか？　美人投票（自分が美人と思う人ではなく、みなが美人と思う人に投票する）に私も乗ろうと考えたりもす

ソフトバンクグループ（9984）

➡日足チャート、移動平均線は5、25日線

出所：SBI証券より作成

るでしょう。

たしかに、このチャートを見ると6000円台もあるかもしれませんし、投資家心理的にも安心して「買い」を入れやすいですね。

ところが、その後、つるべ落としのように、下落していったのです。

材料は良くても、チャートは……。この本では、詳しくチャート分析までしませんが、ほぼ高値で引け下ひげを伴った2019年7月29日のローソク足が曲者《くせもの》です。一見すると、まだ上がるように見えながら、実は**「首つり線」**と呼ばれる、テクニカル分析上、怖れなければならない足なのです。せっかく、5886円まで上昇し、分割後の高値を更新したのにもかかわらずです。

チャートに詳しい人は、ここでは買いを見送り、むしろ売りを考えたことでしょう。実際、チャートの理論通り下げてしまいました。

ではここで、カラ売りをしていたらどうなっていたでしょうか?

◐カラ売りを仕掛けていたら……

分割後の安値3958円(2019年10月25日時点)

5886円-3958円=1928円

下がった分、１９２８円の儲けですね。

上の巻 入門編
2-8

チャートから見える「下げ銘柄」とは？

下げ銘柄というのは、チャートで見るとはっきりわかるものです。見た目にも、右肩下がりのトレンドが鮮明になっており、こうなると、どこで売っても儲かるチャンスがありそう、そんな印象です。こうしたチャートを描いた銘柄は、トレンドラインをブレークする、ダメ押しとなるような足を引くなど、**テクニカル的に反転を示唆しうるサインが出るまで売りの対象**になります。

典型的な例として、いわゆる郵政3兄弟のチャートを挙げてみましょう（64〜66ページ）。かんぽ生命の不祥事があってから、グループそろって株価はさえない動きとなっています。典型的な右肩下がりのチャートとなり、ここに示した段階では底打ち感が出ていません。

日本郵政（6178）

➡ 週足チャート、移動平均線は 13、26 週線

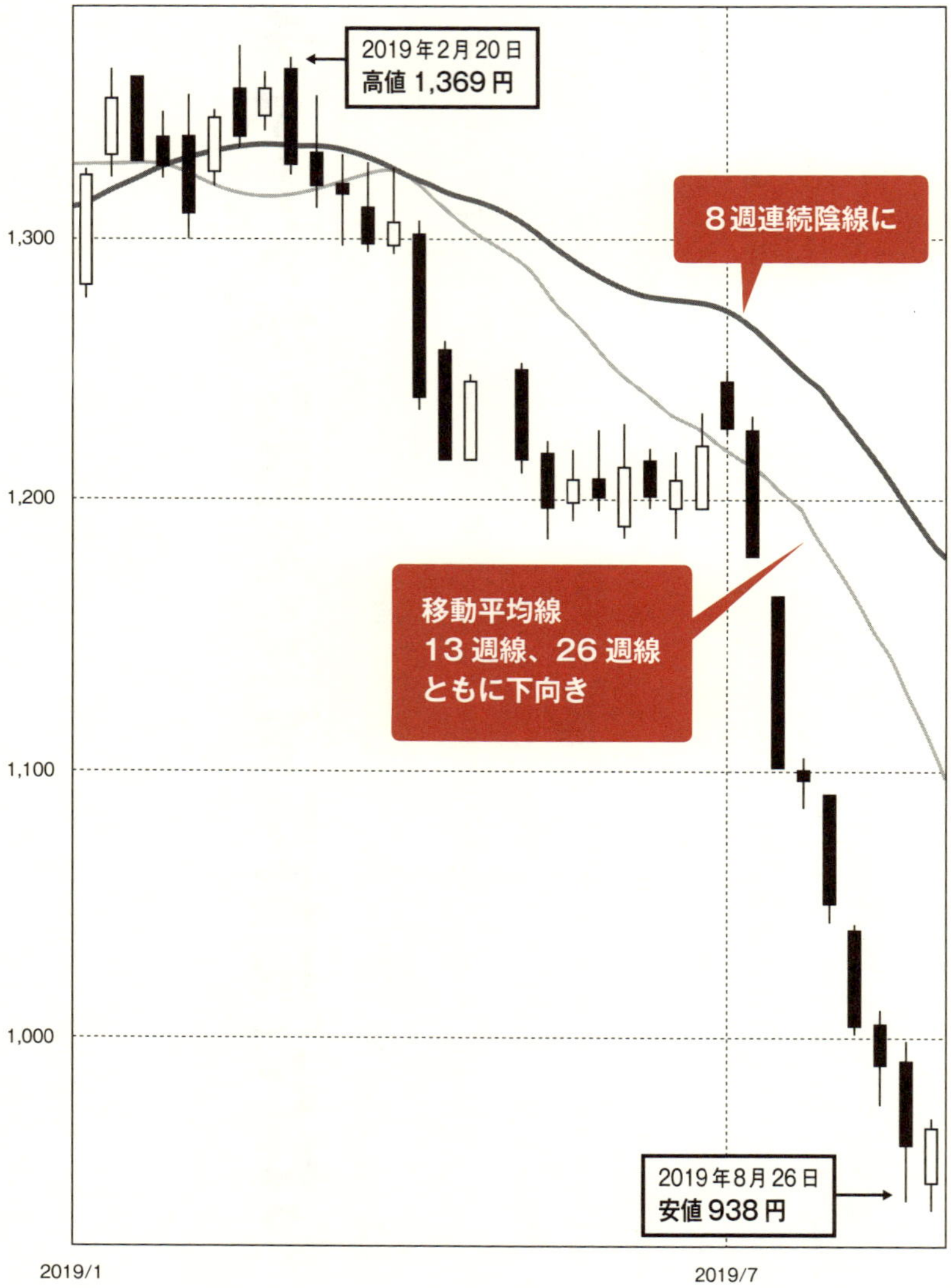

出所：SBI 証券より作成

かんぽ生命保険（7181）

➡ 週足チャート、移動平均線は 13、26 週線

出所：SBI証券より作成

ゆうちょ銀行（7182）

➡ 週足チャート、移動平均線は 13、26 週線

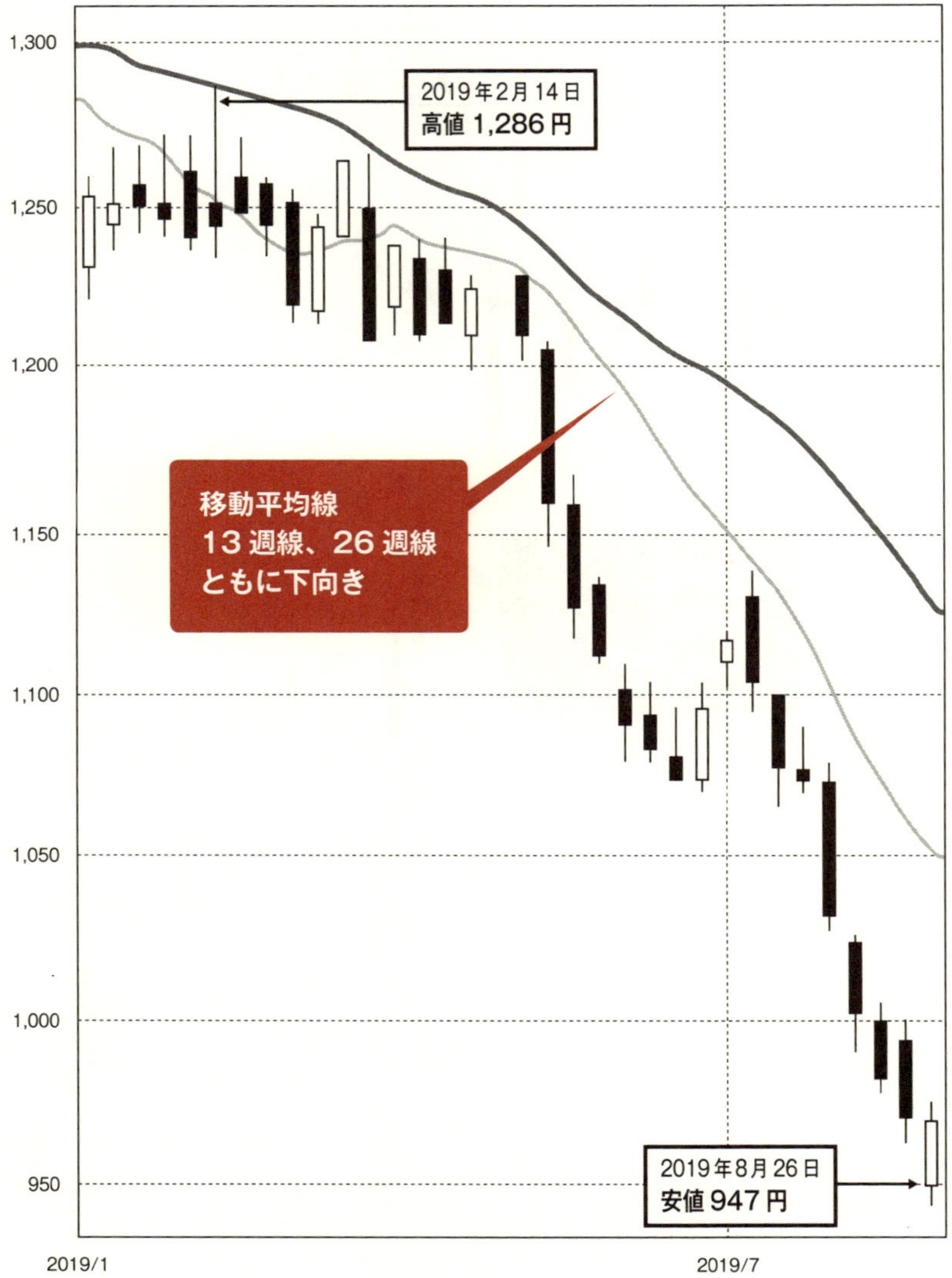

出所：SBI 証券より作成

上の巻 入門編
2-9

実際の銘柄で具体的な売りの方法

実際の銘柄で売りの方法というのを考えてみましょう。

上昇していた銘柄のトレンドが転換するのは、業績が悪化することが代表的ですが、実際にあった例で検証します。

ZOZO（3092）はそれまで、高成長企業として見られていました。どんな企業でもそうですが、利益成長している間、とりわけ利益成長率が高い間は、期待以上に買われるものです。ところが、成長がいったん止まると、株価は下落に転じます。

この場合、たとえ増益であっても、それまで年間2〜3割伸びていたのが、2〜3%の増益になったりすると、市場では「もう高い成長が期待できないな。なら、株価も急な上昇が見込めない」といった感じで人気が離散します。

それまでは増益でも〝高い成長率〟というのが手掛かりにされ、それが期待以上の上昇につながっていたのでしょう。ですから、増益でも微増では投資家が納得しないのです。

ZOZO（3092）

➡ 週足チャート、移動平均線は 13、26 週線

出所：SBI 証券より作成

ＺＯＺＯは、２０１９年3月期は減益になりました。もう高い成長が見込めない、薄々市場が感じた２０１８年の夏には株価が反転、そして、以下のニュースがダメ押しになったのです。

２０１９年2月1日10時19分
ＺＯＺＯ（３０９２）……急反落、市場予想を下回る業績大幅下方修正を嫌気
ＺＯＺＯ（３０９２）は急反落。前日に第３四半期決算を発表しているが、通期予想の大幅下方修正がネガティブなインパクトにつながっている。営業利益は従来予想の４００億円から２６５億円に下方修正、２割増益予想から一転、前期比18・９％の減益となる見通し。市場コンセンサスは３３０－３４０億円程度であった。
ＺＯＺＯＳＵＩＴの無料配布効果が期待ほど生じていないこと、生産体制に問題が生じたことなどが背景となっているようだ。
（株探より）

これで、１週間後には１６２１円まで下落したわけですが、それまでこれを織り込むような下げをしていたので、文字通りのダメ押しになりました。以降は、底値圏でのもみ合いとなっています。

下落の程度は、底打ちする目安を示す「半値8掛け2割引き」という水準まで下がりました。このように、業績悪化を株価に織り込むと、もう「カラ売り」はできません。あくまでも、株価は半年先を読むので、次に、どのように業績変化するか予想して、新たに「売り」か「買い」かを決めるべきなのです。

上の巻 入門編

2-10

カラ売りで儲かった例、失敗した例

それでは、ここで、儲かった例、損した例をそれぞれ挙げてみましょう。参考にしてみてください。

◐儲かった例➡6カ月で反対売買

大成建設（１８０１）……売ったあと下落、利益が乗ったままだったので、6カ月後の信用期日（第3章で解説）まで持ち続けて買い戻し。

大成建設（1801）

➡週足チャート、移動平均線は 13、26 週線

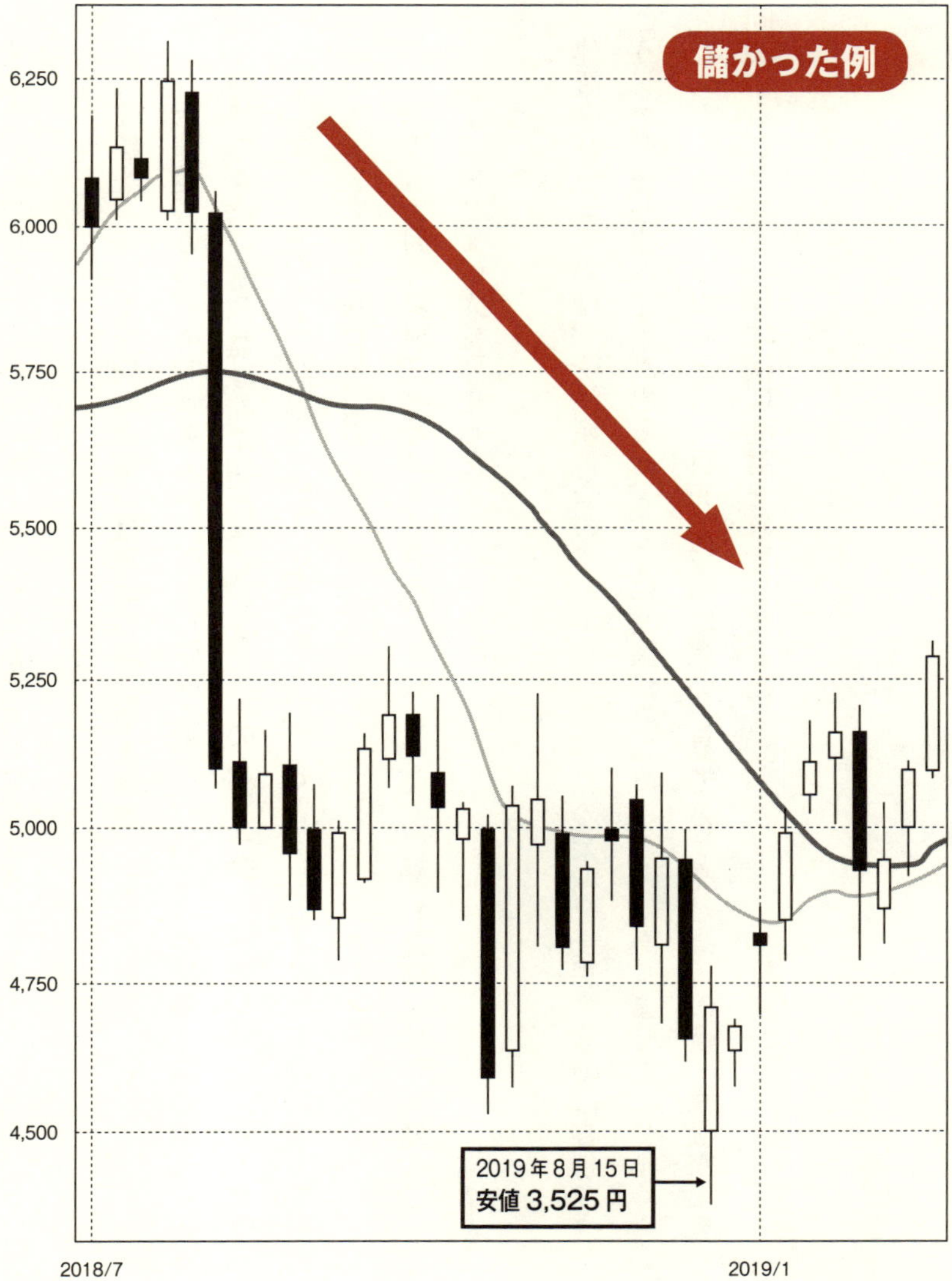

出所：SBI 証券より作成

売るきっかけになったのは、ネットに流れた以下の記事です。

大成建設、4-6月期（1Q）経常は39％減益で着地

大成建設が8月6日後場（14：00）に決算を発表。19年3月期第1四半期（4-6月）の連結経常利益は前年同期比38・8％減の174億円に落ち込み、4-9月期（上期）計画の450億円に対する進捗率は38・8％にとどまったものの、5年平均の30・2％を上回った。

直近3カ月の実績である4-6月期（1Q）の売上営業利益率は前年同期の8・3％↓4・8％に大幅悪化した。

（株探より）

建設会社というのは、受注産業なので、半年、1年先の業績を予想するのは容易です。こうした業績悪化の記事が出ると、すぐに業績が立ち直ることはありません。2年くらい先ならともかく、少なくとも、**目先の業績は悪いと見てカラ売り。その後、株価が大きく回復することなく、半年後に利益を確定**しました。

◐失敗した例➡決定的な悪材料ではなかった

ファーストリテイリング（9983）……いつか下落するだろうと踏んでカラ売りして、どんどん上がっていくことを「担《かつ》がれる」「踏まされる」というような言葉で表現されます。以下は、その典型的な例と言えるでしょう。

世界第3位のSPA（製造から小売りまでを一貫して行う小売業のこと）。「ユニクロ」を世界展開している会社。2019年2月5日の寄り付きに5万110円でカラ売り注文を出した。売るきっかけにしたのは、以下のニュース。

ファーストリテイリングの1月国内ユニクロ既存店売上高は2カ月ぶりに前年下回る（2019年2月4日　大引け後）

ファーストリテイリング（9983）がこの日の取引終了後、1月の国内ユニクロ売上高速報を発表しており、既存店売上高は前年同月比1・0％減となり、小幅ながら2カ月ぶりに前年実績を下回った。

冬物の販売が堅調に推移した。なお、客数は0・9％減、客単価は0・1％減となり、ほぼ横ばいだった。

（株探より）

ファーストリテイリング（9983）

➡ 週足チャート、移動平均線は 13、26 週線

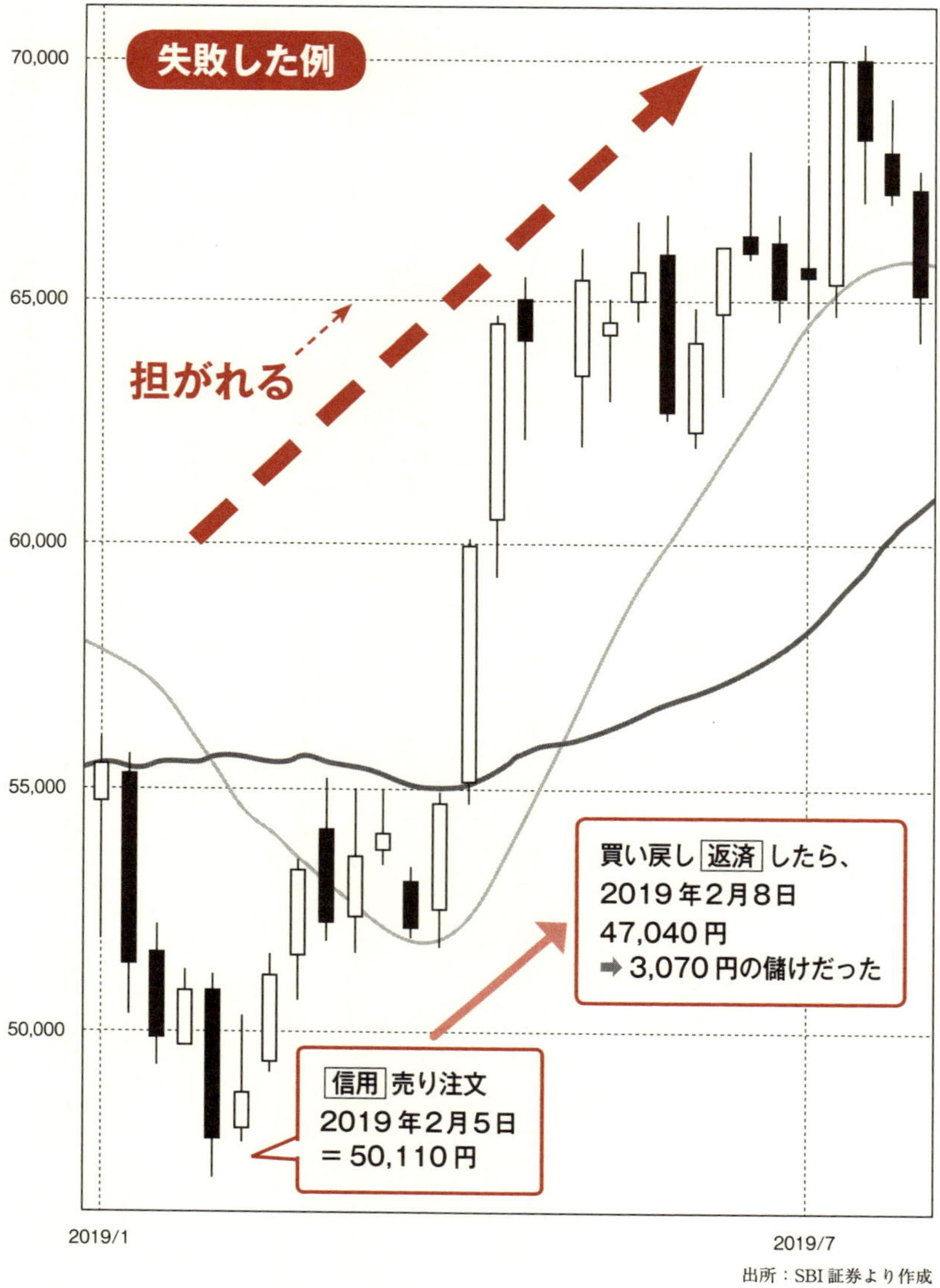

出所：SBI 証券より作成

このニュースを受けて、2019年2月8日安値4万7040円まで下落したので、ここで買い戻せば、5万110円－4万7040円＝3070円だけ利益が出たのですが、**もっと下落するものと欲をかいてしまい失敗した例**です。

ファーストリテイリングは、指数の寄与度が高い銘柄なので、個別の業績を判断した以外にも、インデックス連動型ファンドの注文が売り買いともに入ります。つまり、材料がよほど会社に影響を及ぼすものではない限り、材料には関係なく、これらの注文で株価が変動します。

第3章

信用取引、カラ売りの基本

上の巻 入門編
3-1

信用取引には「買い」と「売り」のどちらもある

株式投資には、普通に銘柄を買ってじっくりと値上がり益を追求する一方で、配当金を受け取る現物取引のほかに、**「信用取引」**という制度があります。

信用取引は、簡単に言えば、証券会社から投資する資金を借りて売買すること。イメージとして浮かぶのは、資金を融通してもらい、手持ちの資金よりも多い金額で取引し、自分の手持ち資金だけで取引するよりも儲けが大きくなるといった感じでしょうか。

そして、信用取引は、こうした「買い」だけではなく、「売り」もできるのです。「買い」は資金を融通してもらうわけですが、「売り」は株を借りて行うもの。つまり、株が手もとになくても売れるので、**文字通りカラの状態で取引を行うため、信用取引のうち「売り」のほうを「カラ売り」と呼んでいる**のです。

もちろん、自分が保有している株をカラ売りしても構いません。その場合、厳密にはカラ売りではなくなりますが、これについては、のちほどテクニックの1つとして詳しく説明する「つなぎ売り」という手法になります（つなぎ売りの基本については98ページ参照）。

この信用取引があるため、株式市場はより活発に商いされると言っていいでしょう。信用取引の実態は投資というより、投機になりますが、本来ならたくさん買えない、あるいは売れない注文を呼び込むことができるため、相場の潤滑油になる取引として、いずれも盛んに行われてきました。

信用取引の「買い」も儲けるテクニックがたくさんあるのですが、本書は「売り」で入る投資を伝えるのが趣旨ですので、以下は、カラ売りについてのみ取り上げることとします。

上の巻 入門編
3-2

カラ（空）売りとは何か？

株式投資の経験を積み重ねた人は、カラ売りとはどういうものかご存じだと思います。ですが、初心者はもちろん、経験者でも「買い」しか経験がなければ、言葉は知っていても、どんなものかわからない人が多いでしょう。

そこで改めて、カラ売りとは何かについて解説します。したがって、この項は、経験が豊富な投資家の方は飛ばして先に読み進めていただいても構いません。

カラ売りとは、**一般的に証券会社から株を借りて売り、下げたところで買い戻して、その間の下落幅を差益とする信用取引を活用した投資手法**です。何度も記してきましたが、相場の下げ局面において、通常の「買い」では儲けるチャンスが少ない中、儲けるための貴重なツールと言っていいでしょう。

たとえば、円高が急速に進む場面で、電機や自動車など輸出関連株は、円高によって利益が減る可能性が高く、それにつれて株価が下がるリスクがあります。下がると強く思うのであれば、株を借りて売り、円高がいち段落して株価が反転しそうなタイミングを見計らって買い戻せばいいわけです。

言うまでもありませんが、円高が進んで相場全体が下がったとしても、カラ売りする銘柄は選ばなければなりません。

たとえば、円高が進めば輸出はダメージを受けますが、反対に輸入のほうはメリットが大。原材料が安く手に入り利益が出やすくなるためで、輸入して国内で消費するような内需関連株を売ると痛い目に遭わないとも限りません。より下げそうな銘柄にターゲットを絞るのが鉄則です。

さらに、後述しますが、カラ売りは投機の手段だけではありません。**持っている株のヘッジ、つまり、下げに備える保険の役目も果たす**のです。保有している銘柄の株価が急騰したとき、「これだけ上がると、もう下げに転じるかも」と思ってもなかなか売る決心がつきません。そうしたときに、カラ売りをすればいいのです。

読み通りに下がれば、下がったところで買い戻して利益を確定させ、保有している株はそのまま持ち続けて、再度の値上がりを待つこともできます。この場合、実質的に、利益を先取りした格好になります。

反対に読みがはずれて、さらに上がってしまった場合、純粋なカラ売りでは上がった分だけ損となりますが、現物を持っている場合、上がったところで株を渡して決済すれば（これを株式用語で「現渡し」と言う）、上がった分について損が発生しないのみならず、カラ売りした時点までの利益はしっかり確定できます。

いずれにしても、「カラ売り」は下げ相場における、強力な儲けるツールであると覚えておいてください。

上の巻 入門編

3-3

信用取引における「一般信用」と「制度信用」

株式市場では、円滑に取引を行うために、法律で定めたものや証券業界の自主ルールなどによっていろいろな決まりが定められています。

以前に比べて緩和されたものの、逆に厳しくなったものなど様々ですが、信用取引は利用する投資家が持っている資金以上の取引を行うため、読みがはずれた場合、投資家はもちろん、注文を取り次ぐ証券会社が多大な損害を被る恐れもあり、それを防ぐためにルールが厳格に運用されてきました。

まず、その制度について見てみると、信用取引には「制度信用」と「一般信用」の2種類があります。

制度信用とは、「証券取引所が公表している制度信用銘柄選定基準を満たした銘柄のみを対象として行われる信用取引」のこと。簡単に言うと、証券取引所が認定している銘柄しか信用取引を行うことができないことになります。一般的に、証券会社でまかなえない株を証券金融会社から手当てする形となります。

制度信用取引は、返済期限が6カ月以内と定められており、これをまたぐことはできません。最終期限を「期日」と言い、それまでに差金決済をするか、買いの場合は、「現引き（現物株を引き取る）」、カラ売りの場合は「現渡し」をしなければなりません。

「買った値段より下がってしまい、今、決済すると損してしまう」「もう少しでカラ売りした株価より下がりそうなのに」など損していても、期日がきたら強制的に清算することになります。制度信用を利用した場合、6カ月後の期日を常に意識しないとなりません。

もう1つの一般信用とは、**「投資家と証券会社の間で結ぶ契約」**で行います。投資家は証券会社から借りた資金に金利を上乗せして返済する必要があるので、銀行に借金して返済するのと同じようなものと言えます。

また、投資家は証券会社との契約で行うため、制度信用とは異なり、金利や返済の期限などは証券会社側で自由に決められるのが特徴で、SBI証券では無期限で取引ができます。

金利は同等になってきましたが、多少の変動があります（次ページ参照）。

蛇足的に記すと、より長い期間で儲けようとして、あるいは読みがはずれたときの挽回の期間を作ることを考慮して、6カ月の期限がある制度信用を嫌い、一般信用を無期限で

一般信用と制度信用における金利

取引区分			買方金利（年率）	売方金利（年率）
制度信用		優遇	2.28%	0.00%
		通常	2.80%	0.00%
一般信用	無期限	優遇	2.10%（※）	0.00%
		通常	2.80%	0.00%
	短期	―	―	0.00%
	日計り（HYPER カラ売り銘柄含む）	1 注文の約定金額 300 万円以上	0.00%	0.00%
		1 注文の約定金額 300 万円未満	2.80%	0.00%
		期日超過	5.00%	0.00%

※信用取引の取引状況等が、当社所定の基準を満たした場合、優遇金利が適用された場合の買方金利は、制度信用新規買建 2.28%、一般信用無期限新規買建 2.10%の優遇金利が適用されます。

出所：SBI 証券

行おうとする投資家もいます。

しかし、注意しなければなりません。そもそも、信用取引は、売りでも買いでも、短期間で効率的に儲けるのが鉄則だからです。現物株の塩漬けとは違い、売り買いのいずれも、反対に動いたまま放置しておけば、とんでもない損が発生しないとも限らないからです。

信用取引は買いや純粋なカラ売りで行う場合、利益、損失にかかわらず、短期で決済するのがお勧めです。無期限で行っても読みがはずれたとき、早めのロスカットを心掛け、ズルズル引き延ばして、損を広げないようにしましょう。

上の巻 入門編

3-4 信用取引を行うにはどうすればいい？

さて、カラ売りについて説明してきましたが、実際にカラ売りを行う場合はどうすればよいのでしょうか。カラ売りは言うまでもなく、売買の制度としては信用取引ですので、これができるようにしなければなりません。

信用取引を行うためには、通常の取引口座だけではなく、**信用取引の口座を開設する必**

要があります。これは証券会社によって違いがあるので、それぞれの会社に問い合わせてみましょう。

信用取引は、簡単に言えば、借金をして株の売り買いをすることなので、審査があるのは当然。銀行など金融機関にお金を借りるときに、厳しい審査がありますよね。それと同じで、審査の結果によっては、取引ができないこともあります。

本書ではＳＢＩ証券のケースを例として示しました（87～88ページ参照）。

審査については、重要なのは預かり資産。銀行などで借りるときに、定期預金や土地家屋などの資産があれば借りやすいのと同じで、株や投信、そのほかの金融資産がいざというときの担保になります。

また、チェックが厳しいのは年齢です。残念なことに、ご高齢の方がわからないまま金融商品を購入させられ損をするというケースが多いため、それを事前に予防するという意味で、ご高齢の方には信用取引をさせないように証券会社は金融当局から指導を受けているのです。

なお、最近はインターネット注文で株式売買を行う人が多いですが、対面取引（店頭窓口）の方の場合も申し込み方法が異なるので、併せて記しておきます。

▶ 信用取引口座の開設

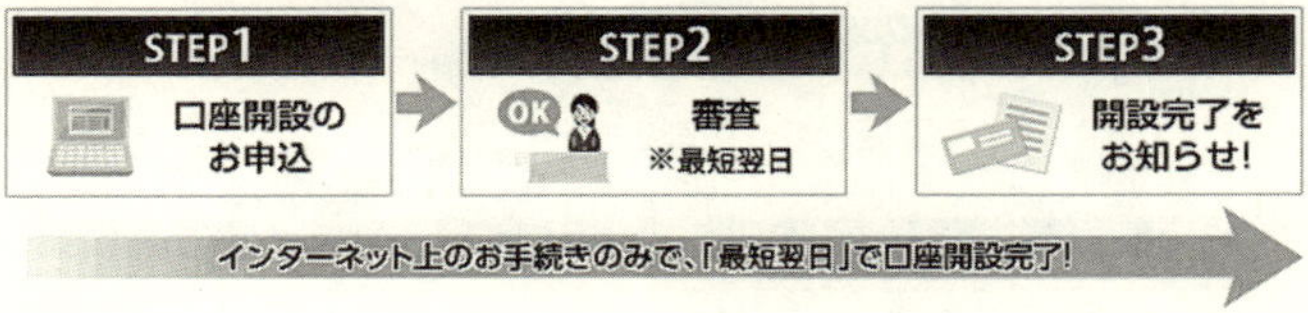

お手続きの流れ

1 口座開設の申込

「信用取引の口座開設はこちら」ボタンよりお進みいただき、信用取引口座の開設をお申し込みください。

2 審査

当社にて社内審査(1～2営業日程度)を行い、審査結果はお客様の「メッセージボックス」へご連絡いたします。

3 口座開設手続き完了のお知らせ

審査を通過されたお客様は、信用取引口座開設完了のお知らせを「メッセージボックス」へお送りいたします。

▶ 委託保証金への振替

信用取引には担保となる委託保証金が必要となります。信用取引口座の開設時に、原則として全てのお預り金は委託保証金とし、お預り証券は委託保証金代用有価証券といたしますので、お手続きは必要ありません。委託保証金の残高は「口座サマリー」または「信用建余力」画面でご確認いただけます。

※ MRF残高を保有されているお客様につきましては、信用取引口座の開設時にMRF残高は全て売却され、委託保証金となります。

面倒なお手続きは不要！
入金するだけでお取引が可能です！

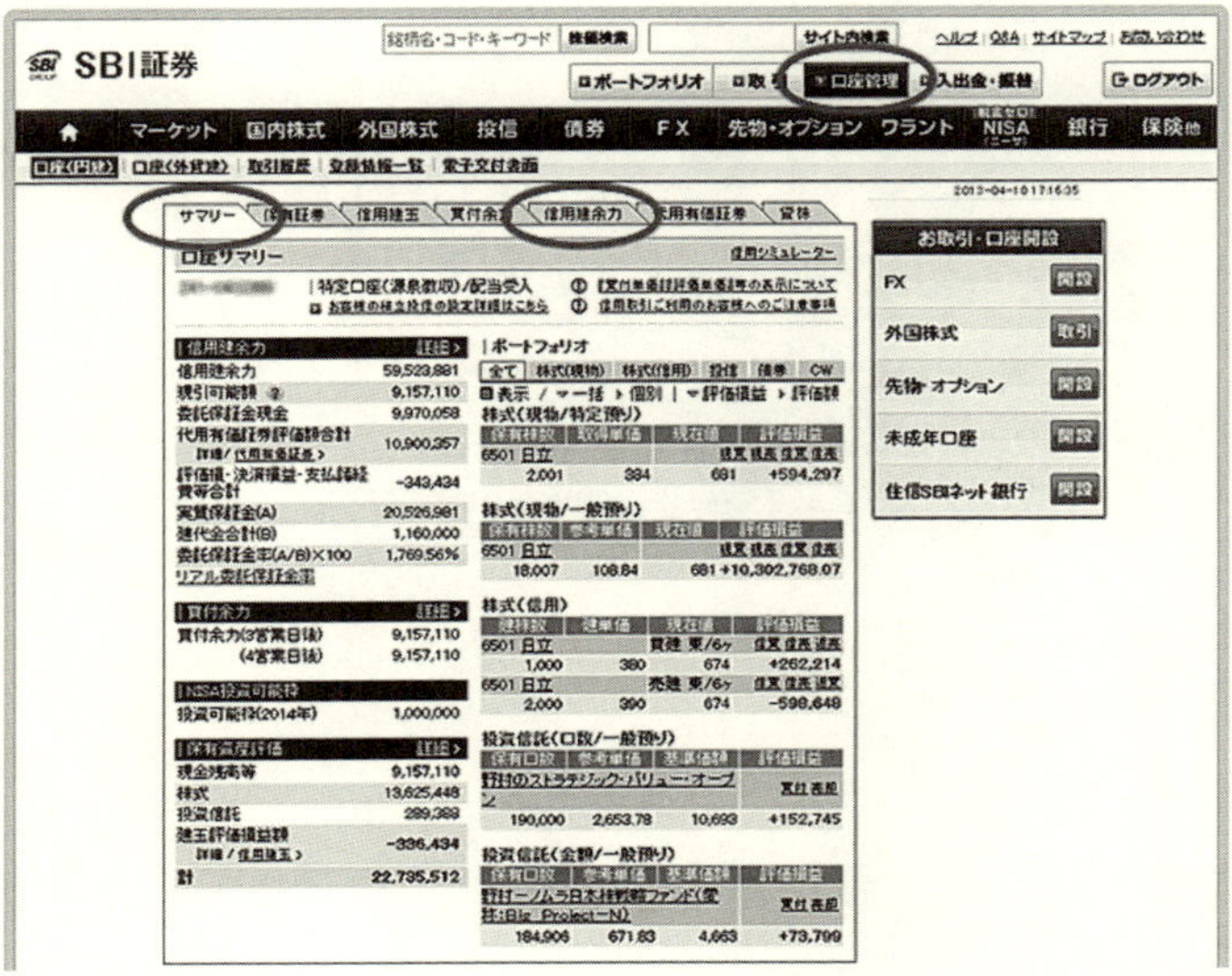

▶ 即時入金方法

SBI証券では各提携銀行からの「買付余力への入金即時反映」を実現する、「即時入金サービス」を提供しております。即時入金サービスによりSBI証券にご入金いただいた場合の振込・振替手数料は無料です。

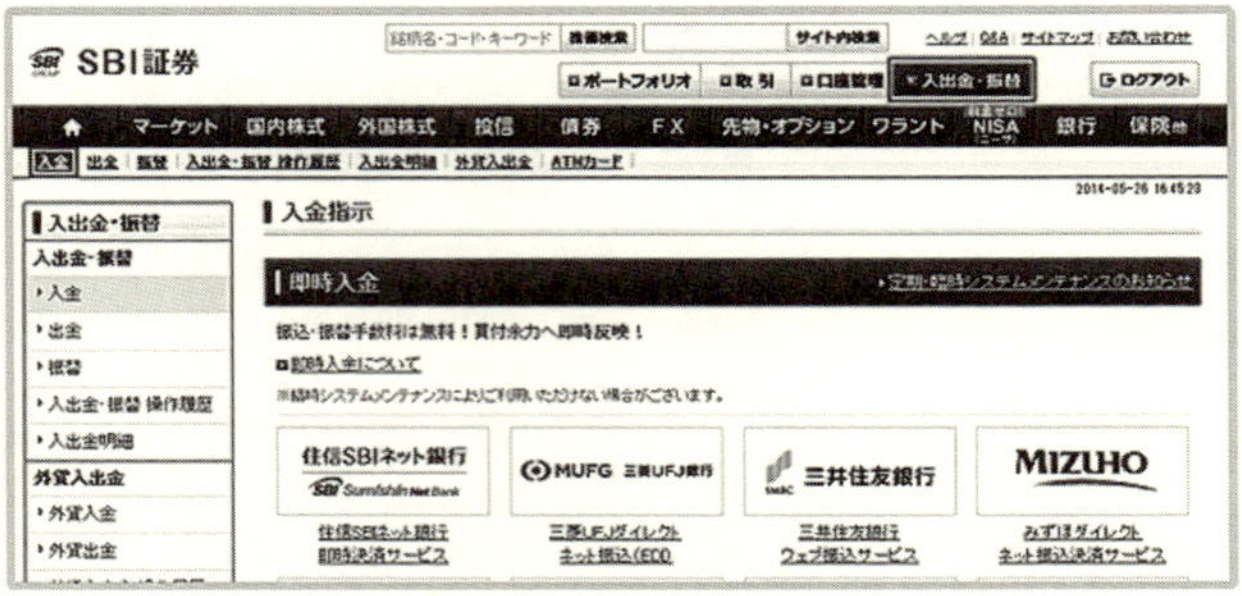

▶ お取引方法

信用取引を新規にご注文いただく際は、「取引」>「国内株式」>「新規注文/取引所」の注文画面におきまして、「信用新規買」または「信用新規売」をご選択いただき、お取引ください。

※お客様の建玉限度額につきましては、「口座管理」>「口座(円建)」>「信用建余力」にてご確認いただけます。なお、建玉限度額の範囲であっても、金融商品取引所等の取引規制等、または、当社独自の判断により、信用取引のご注文を制限させていただく場合がございますので、あらかじめご了承ください。

▶ 信用取引のデモ取引はこちら

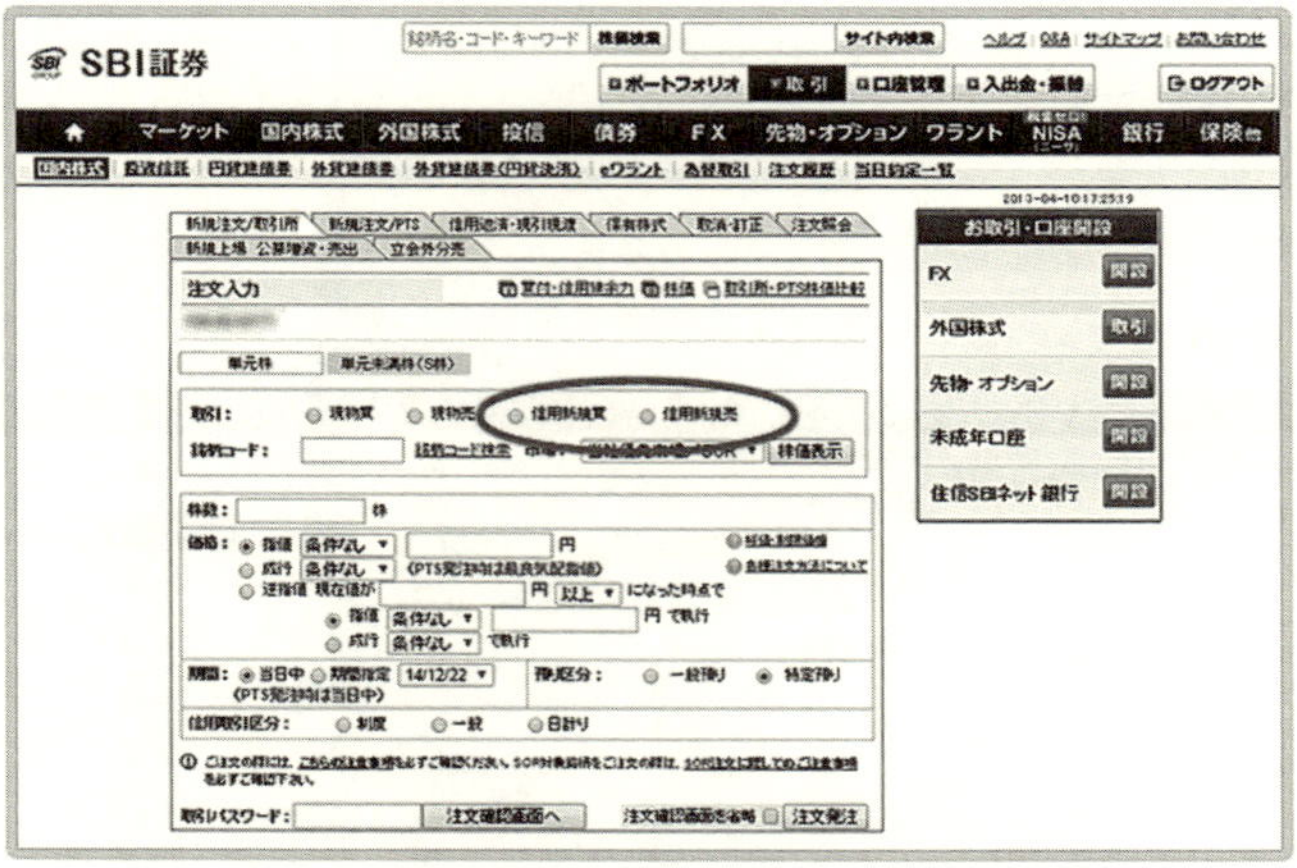

出所：SBI証券

上の巻 入門編

3-5

信用取引の手数料やコスト

信用取引の手数料やコストについては、図表にまとめました（次ページ参照）。

対面売買の場合（担当者がいる場合）

- 株式、現金を担保に（口座に預かり）
- 年齢的には、原則的に日本証券業協会のガイドラインによる75歳まで
- 上長とお客様が面談を行う

ネット証券の場合

- 男性・女性を問わず、75歳以上〜79歳までは電話での問い合わせあり
- 新規での満80歳以上は信用取引口座には申し込みできず（年齢的には、日本証券業協会のガイドラインによる75歳まで。今後、年齢については厳しくなる可能性がある）
- 投資の質問については、ホームページ上でアンケートに答える

信用取引にかかる手数料、コスト

◆主要ネット証券各社の信用取引手数料（1注文の約定代金に応じてかかる手数料）

約定代金	～10万円	～20万円	～50万円
SBI証券	90円 （税込99円）	135円 （税込148円）	180円 （税込198円）
楽天証券	90円 （税込99円）	135円 （税込148円）	180円 （税込198円）
カブドットコム証券	90円 （税込99円）	135円 （税込148円）	180円 （税込198円）
マネックス証券	95円 （税込104円）	140円 （税込154円）	190円 （税込209円）

（2019年11月現在）

◆主要ネット証券の一般信用取引（無期限）金利・貸株料

一般信用取引（無期限）	買方金利（年率）		信用売り貸株料（年率）
	通常金利	大口優遇金利	
SBI証券	2.80%	2.10%	1.10%
楽天証券	2.80%	2.10%	1.10%
松井証券	4.10%	—	2.00%
カブドットコム証券	3.09%	1.99%～2.79%	1.50%
マネックス証券	3.47%	—	1.50%

（2019年11月現在）

上の巻 入門編

3-6

信用取引では「逆日歩」「追い証」に注意!

カラ売りしたときに、コストとして注意しておきたいのが「逆《ぎゃく》日《ひ》歩《ぶ》」と「追《お》い証《しょう》」です。これらは、必ず発生するものではありませんが、発生した場合、損益に多く影響する可能性があるため、常に考えておく必要があります。

まず逆日歩ですが、これが発生するのは全体の「建玉《たてぎょく》（信用取引で決済されていない取引量）」を見て、信用売残高が信用買残高を超えた場合です。

株は銘柄ごとに、発行株数が決まっており、理論的にそれを超えた株数のカラ売りはできません。それは極論としても、証券金融会社が貸し出せる株数には限度があるのです。貸し出せる株がなくなった場合、入札によって機関投資家などの大株主などから株式を調達するわけですが、このときに発生する貸出料が逆日歩です。

計算式を以下に示しました。

1株あたりの逆日歩×信用売り株数×建玉の保有日数＝逆日歩

逆日歩は、その名にある通り日歩、つまり日々計算します。発生する状態を「株不足」と言いますが、これが続く限りカラ売りした投資家は払い続けなければなりません。仮に、値下がりして利益が出ている銘柄でも、逆日歩が高額になってしまうとトータルで損になることもありうるのです。

逆日歩は、土日や祝日も発生します。金融機関に借りた際に発生する金利と同じで、たとえば、金曜日に売って月曜日に買い戻した場合、逆日歩が発生しているときには、3日分払わなければなりません。

逆日歩は、制度信用でのみ発生する一方、1日で売り買いを完結するデイトレードの場合は発生しません。

相場用語に「逆日歩攻め」というのがありますが、これは株不足の状態が続き、逆日歩が積み重なるとカラ売りした投資家が窮地に陥り、たまらずに買い戻して株価が上昇する――逆日歩がつくと、買い方が優位に立てるといったことから生まれた言葉です。そのため、高額の逆日歩がついた場合は、早めに決済することが大事です。

次に追い証ですが、これは逆日歩よりも怖いかもしれません。信用取引を行う際に保証金が必要ということをすでに述べましたが、追い証というのは保証金を追加することです。保証金は、一般的に取引額の30％（証券会社によって異なる）が多く、たとえば、1000万円分をカラ売りするときに、30％の場合は300万円差し出さなければなりません。つまり担保になります。

読みがはずれても、損が300万円で収まっていればよいのですが、400万円に損失額がふくらむと、保証金では100万円足りません。その場合、カラ売りした人は追加で100万円を証券会社に差し出す義務が生じます。この30％を「最低委託保証金維持率」と言い、これを常に維持しなければなりません。

追い証を入れることができない場合は、強制的にカットされます。買い戻しさせられ、それで取引は終了することになります。

委託保証金維持率の計算式は以下の通りです。

（委託保証金－建玉評価損）÷建玉総額×100＝委託保証金維持率

カラ売りして読みがはずれ、追い証が発生する水準まで上昇した場合、すでに「勝負あり（つまり、ほぼ負け）」の状態になったと言っていいでしょう。そうしたことから**「追い証は唯一確実な助言者」**という格言があるくらいです。そうなる前にロスカットしておきたいものです。

上の巻 入門編
3-7

カラ売りしてはいけない銘柄がある

カラ売りできない銘柄は、先に「制度信用」と「一般信用」の項であらかた解説しましたが、カラ売りしたい銘柄が決まったら、まず取引をしている証券会社に確認してみてください。

ここで説明したいのは、カラ売りしてはいけない銘柄。〝できない〟銘柄と〝してはいけない〟銘柄は根本的に意味が異なります。

できない銘柄の中には、発行株式数が少ないなど、売るための株を調達するのが難しい株があります。

企業というのは発行株式数が決まっており、理論上、それを超えて売ることはできません。また、超えていなくても極端に流通している株が少ないと、それは発行株式数が少ないのと同じ。できる、できないは、流動性で決まります。

ところが、できる銘柄の中でも、たとえば、発行株式数が多いのにもかかわらず、企業の子会社やオーナー経営者が多くの株を保有している場合、流通する株が少なくなるのは言うまでもありません。これが機関投資家ですと株を借りやすいのですが、親会社やオーナー経営者が、株価が下がる要因となる貸し株をするとは考えにくいからです。

借りることができる株が少ないと、売り人気になった場合、株を調達するために高額の逆日歩を払うことになりかねず、利益が逆日歩と相殺《そうさい》されて妙味が薄れるだけならまだしも、差し引きで損してしまうことになりかねません。

これらの点から、以下のような銘柄はカラ売りを避けるほうが無難です。

◐カラ売りをやってはいけない銘柄

(1)時価総額が100億円以下の銘柄

(2)発行株式数が多くても浮動株が少ない銘柄(例:親会社やオーナー経営者の保有比率が高い銘柄)

時価総額が100億円以下の銘柄は、もともと流動性が低いために、逆日歩のリスクが大きくなります。ただし、上下ともに値動きが激しくなりやすいので、むしろ、こうした銘柄は上昇が見込めるときに、信用取引の買いで狙ったほうがいいでしょう。

売ったときに逆日歩がついておらず、利が乗ったあとに逆日歩がついたら、そのときはカラ売りを手仕舞いするのが無難です。

また、もう1点注意したいのは、銘柄そのものではなく**避けたほうがいい時期**です。3月や9月など機関投資家の決算が集中する時期は、配当や株主優待狙い、つなぎ売りなど明確な目的がない、値ザヤ稼ぎ狙いのカラ売りは避けましょう。

決算期が近づくと、機関投資家は自分の決算をまとめるために、「株を返してほしい」とヘッジファンドに貸した株の返済を要請するなど、表に株を出したがりません。返済が進む一方、新規に貸そうとしなくなるため、発行株式数が多い巨大企業でさえ逆日歩がつくことがあります。

小型株など、恒常的に高額の逆日歩がつかないとも限りません。3月、9月の決算期末に近い時期は、優待狙いなどを除いて、カラ売りはお休みしたほうが無難です。

もちろん、カラ売りしてはいけないタイミングは株価水準となりますが、それはチャートでトレンドラインなどを確認して判断しましょう。上昇している銘柄で、新高値を更新した銘柄、反対に下落している銘柄では、新安値に届きながら割り込まずに反発した銘柄など、これらのカラ売りは危険です。チャートで株価水準を確認してから売るのが鉄則になります（次ページ参照）。

ユーグレナ（2931）

➡月足チャート

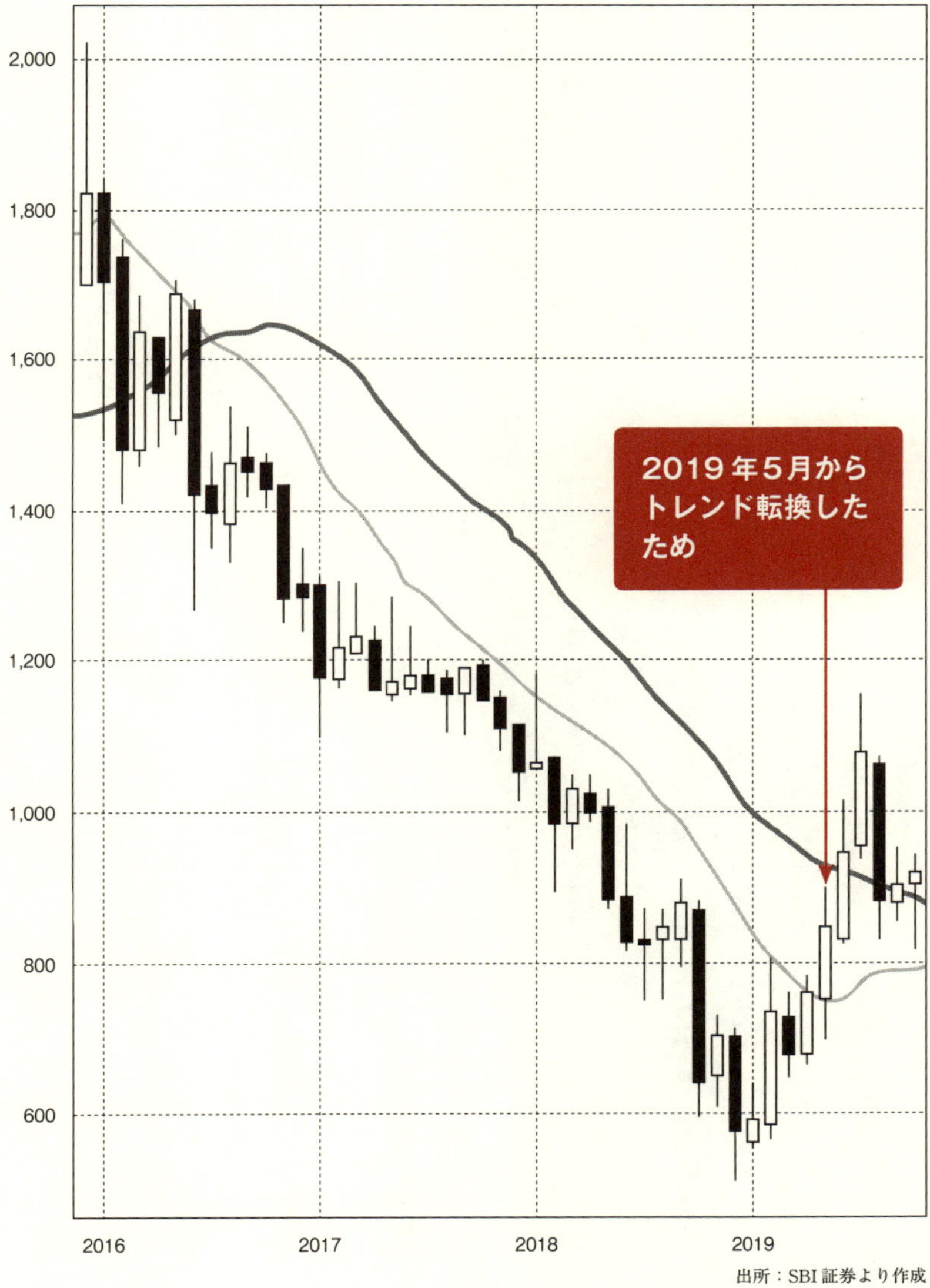

出所：SBI証券より作成

上の巻 入門編

3-8

「つなぎ売り」の基本

カラ売りを行う際に、値ザヤを稼ぐ方法のほかで大切なテクニックであるのが**「つなぎ売り」**です。

つなぎ売りは、保有している銘柄が「下がりそう」と思った場合に、手もとにある現物を売らないで、信用取引のカラ売りを利用して値下がりのリスクを回避しようとする方法。保有している株の値下がりに備えて行うため、保険の役割を果たしていると言えます。下げに対してヘッジすることで**「ヘッジ売り」**とも言われます。

カラ売りをしたあとに、株価が予想通り下落するとどうなるでしょう。

その場合は、買い戻すことによって、その差額が利益になります。カラ売りした時点で利益が出ていた場合、仮にそこでカラ売りをせずに現物を持ち続けていると評価益が消えてしまうわけですが、その分が手許に利益として残るだけではなく、そのまま現物を持ち続けていれば、その後も上昇で再び儲けるチャンスも生まれます。

このように、つなぎ売りは現物の値下がりによる評価損をカバーできるテクニックですが、反対に読みがはずれて株価が値上がりしてしまった場合には、保有している現物株を引き渡すことによって損失の発生を防ぐことができます（現渡し）。**つなぎ売りそのものは、リスクが小さい取引**と見ることができます。

一方、つなぎ売りは、株主優待を株価下落による損失リスクを抑えて受け取る方法として活用している投資家が少なくありません。これについては、具体的に取引のテクニックをのちほど実践編で解説しますので参考にしてください。

つなぎ売りはリスクが小さい取引と書きましたが、ゼロではありません。たしかに、保有している現物株と同じ銘柄を同じ数だけ売るわけですから、反対に上昇しても現渡しをすれば損は出ません。しかし、売買委託手数料などのコスト負担があるほか、株主優待の人気が高い銘柄にありがちな高額の逆日歩が発生する可能性もあります。逆日歩には常に注意を払っておきましょう。

なお、現物株に配当が支払われる場合、つなぎ売りをしている場合は、同じ額の「配当落調整金」を支払う必要があるので、配当金が得になるということはありません。

上の巻 入門編

3-9

信用取引に向いている人、向いてない人

株で値幅を狙った取引をする場合、売りと買いのどちらが儲かるものなのでしょうか？

どちらも同じような感じがしますが、この業界では、**実は売りで入ったほうが３：２の割合で利益が取れる**と言われています。これまで、私がサポートしてきた投資家のことを考えると、その割合というのは当たっているかもしれません。

現物を買うと「私が買うとすぐに下がるんです」という投資家の声をよく耳にし、相談を受けることがあります。それなら発想を変えて、買ってすぐ下落するというのであれば、買って下がった場合は、カラ売りを試してみてはどうでしょうか。

下がれば儲かりますし、上がったら現渡しをしてしまえば、損は限定されます。とにかく、臨機応変で対処するのが基本。買いがダメなら売りで――。少し、乱暴に見えるかもしれませんが、案外うまくいくかもしれません。

しかし、ここで注意したいのは欲張らないこと。アルゴリズムなど機械が自動的にやる

取引と違い、頭ではわかっていても、つい「欲の皮」が突っ張って、儲け損なう人が少なくないのです。

この点については、いくら知識を備えても、テクニックを身につけてもどうなるものでもありません。株の売り買いは心理的な要素が大きく、とりわけ、カラ売りなど信用取引を行う際には、メンタルな部分が重要です。

ズバリ、あなたは信用取引に向いているか？　それとも、向いていないか？

ここであなたが信用取引に向いているかどうかについて、簡単にYES／NOチェックをしてみましょう。

◐短期売買で勝負（売ったらすぐに買い戻す）ができる

□YES　□NO

信用取引は時間軸との闘いです。金利もかかるので、基本的には短期売買できちんと売買の決着ができる人、引っ張らずに反対売買ができる人が向いています。

市場では、信用取引で利益を確定させる平均日数は13日程度と言われており、これを超すようならロスカットできるかどうかです。長ければ長いほどリスクが大きくなります。

◐信用取引は、ある意味「投機」であると割り切れる

□YES　□NO

言い方は少々乱暴になりますが、信用取引は長く保有して利益を積み上げるといった「投資」ではありません。「投機」と割り切れる人でないと厳しいかもしれません。

◐注文を出すときに迷うことがある

□YES　□NO

1秒でも判断が遅れてしまうと売買のチャンスを失いますし、一瞬にして損をしてしまうことがあります。プロの投資家がしのぎを削って勝負していますので、のんびり迷っている人は信用取引に向いていません。

◐ロスカット（損切り）の原則に耐えられる

□YES　□NO

これは買いにも共通しますが、短期売買のつもりなのに、結果を出すまでに時間が掛か

っている場合、それ自体が失敗となります。カラ売りはあくまでも短期決戦で行うものであり、失敗したと感じたら、すぐにロスカット、目先の損を恐れないことが肝要なのです。

ここで思い出したいのが、**「追い証は最初のときに売れ！」「追い証は唯一確実な助言者」**といった相場格言があるように、追い証が発生するまで損を拡大してしまうのは明らかに失敗なのです。それを認める勇気が必要です。

評価損がふくらみそうと感じたら、迷わずロスカット。そのほうが傷は深くならず、損も少なく、ほかの銘柄巻き返しも可能です。

追い証の警告が出るまで無理をしてはいけません。「何とかなる」は、株式投資では決して「何とかなりません」ので、早めの決断が大事です。決断には、売り値より5％上がったら機械的に買い戻す等々、自分なりのルールを作り、守るようにしましょう。それを厳しく守れば成績も良くなるはずです。

ある意味、自分の心の中で戦いが行われており、そこでは強い意志が重要であると言えるでしょう。そう、強い意志を持っている人こそが信用取引に向いているのです。

第4章

「老後2000万円捻出計画」に株売りは必須

上の巻 入門編

4-1

老後までに2000万円を作るならカラ売りも必要

年金だけでは老後の生活が成り立たない――。

麻生財務大臣は金融庁がまとめた調査資料を片手に「2000万円が不足」と言って話題になりましたが、それに対して批判の声が高まりながらも、実際の年金支給額を考えてみると、余裕を持った生活を送るのであれば、やはり年金支給までに資金を捻出《ねんしゅつ》したいところです。

ですが、一朝一夕にはならないのが資産作り。1980年の頃は、定期預金で年8%の利息で、お金を預けて時間をかけて置いておけば、ほとんどリスクなしで資金を10年で2倍以上に殖やすことも可能でした。しかし、今は少ない資金を大きく殖やそうとするのであれば、**リスクを取らないと不可能**と言ってもいいでしょう。何しろ、銀行の預金は年利1%に遠く満たないわけですから。

株の信用取引はリスクが大きいのは事実ですが、知識さえしっかり身につけ、強い意志を持って自分なりのルールを守りさえすれば、それほど恐ろしくはありません。信用取引、なかでもカラ売りを、不透明感の強いマーケット環境を考えて活用したいものです。

上の巻 入門編
4-2

信用取引を活用するには自分のルール作りが大切

知識を蓄えることは、カラ売りなど信用取引を行ううえで重要なのは言うまでもありません。「生兵法は怪我のもと」とはよく言ったものですが、中途半端な知識でわかっているつもりで投資を行うことはとても危険です。本書で、カラ売りの隅から隅まで学んでから実際の取引をスタートさせましょう。

さて、知識と同様に大切なのが、**自分なりのルール作り**です。信用取引は売りでも買いでも、読みがはずれた場合は加速度的に損がふくらんでいきます。失敗する人は、失敗してもズルズルと引きずってしまうのが大半。現物株であれば、塩漬けにして買い値に戻るまで持ち続ければ、実際に損が確定しません。

しかし、信用取引は期限があり、その間に読んだ方向に株価が動かなければ、半ば強制的に損が確定してしまいます。そうした場合、傷が広がっていることが多いため、まず重要なのは損した場合、どこまで許容するかを自分なりに決め、そのラインを超えたら損切り、ロスカットすることです。

私は、売りでも買いでも早めのロスカットを勧めています。これまで、たくさんの投資家の売買を見てきた経験からも、ズルズル引っ張る人ほど損をふくらませていました。

ロスカットについては、こんな値動きのときは取引しない、一点集中型の売買はしないなどと一緒に、〝自分なりのルール〟を作ることです。このルールの作り方についてはのちほど解説します。

とにかく、知識を蓄えること、ルールを作り守ること、この2点を心構えとして強調しておきます。

上の巻 入門編

4-3

あなたの「塩漬け株」を有効活用しよう

買ったあとに値下がりしてしまい、そのまま放置している株のことを「塩漬け株」と言います。漬物を作るときに、塩を撒《ま》いてから長い間、漬けていることからたとえているのですが、投資家にとって塩漬け株など持ちたくないのは言うまでもないでしょう。

なぜ塩漬け株になってしまうのか？　それは、損したくないという投資家心理が働くことにほかなりません。

株は買ったあと、売って初めて利益、あるいは損失が確定するものです。株が上がって儲かった、下がって損したなどと言いますが、その多くは、本当に儲かった、損したとはなっていないのではないでしょうか。あくまでも、損益が確定するのは売ったときで、それまで利益は「評価益」、損失は「評価損」であるのです。

蛇足ながら**「評価益で飯を食うな！」**という格言があります。株価が上昇して儲かった（売ってないので儲かったつもり）ので、豪華なディナーをとったあと途端に急落、結局損をしてしまい「豪華ディナーなんか止めれば良かった」と後悔するのは、よくある〝株式あるある話〟です。売るまで（カラ売りの場合は買い戻すまで）は、利益は確定しないことを肝に銘じておきましょう。

さて、話を戻しますが、読みがはずれて買った株が下がってしまった場合、売るまでは「評価損」になります。しかし、損には違いないながらも、損失が確定したわけではありません。そのため、「いつかは戻る」と思って持ち続け、せめて買い値になったら売ろうなどと思ってもそこまで戻らず、結局、塩漬け株となってしまうのです。

塩漬け株はいいことがありません。多くの場合、人気があるときに短期間で儲けようとして買った銘柄であるため、ひとたび人気が離散すると簡単には戻らないものです。

これまで記してきた「天井三日、底値百日」の相場格言を思い出してください。そして、「いつかは戻る」「せめて買い値に戻ったら」と考えているのは、あなただけではないということです。

こうした戻りを待っている投資家が多い状態を株式市場では、「上値のシコリ」と言います。上昇すると戻り売りが待ち構え、動きが鈍ると予想される銘柄を誰が好き好んで買うのでしょう。

一方、塩漬け株は、投資に向ける資金を固定化します。言葉は悪いですが〝死に金〟にしてしまいます。

たとえば、1000万円の運用資金を持っていて、そのうち半分が塩漬け株で持ったままだとどうなるのでしょう。事実上、残りの500万円だけで運用しなければならず、かなり非効率になってしまうのは言うまでもありません。

投資家の方と話していて、よく耳にするのが「短期運用のつもりでいたけど、下がってしまった。でも、長い目で見ると、この株は成長性がある。長期投資に方針転換する」といった〝言い訳〟です。

最初から、長期投資の目的で買ったなら死に金にはなりません。でも、そもそも短期運用中心で運用しているのではなかったでしょうか。

本来なら、読みがはずれたと気がついたときにロスカットすべきなのですが、ズルズルと株を持ち続け、株価が半値まで下がったとしたら――もう手遅れで、そこまでになると損を確定させたくないとなる気持ちは良くわかります。

では、このまま持ち続けるとしてどうすればいいのか？

そこで登場するのが、**「塩漬け株の有効活用」**なのです。

たとえば、急に人気が出て塩漬け株が買い値、あるいは買い値の近くまで戻ったとしましょう。先に記した通り、買ったときは人気があったわけですから、その近辺では戻り売りが大量に出ることが予想されています。

いくつか銘柄のチャートを見てみると、たいてい前の高値で株価が反落する、勢いがある株でもいったんは下げる、そんなパターンが多いことに気づくでしょう。

そうなのです、前の高値というのは、売り場であることが多いのです。

その後の動きがどうなるかは、神様にしかわかりません。反落して相場が終わるか、売り物をこなして上昇するか、それとも、いったんは反落しながらもう一度上昇に転じるか、迷うところですが、ここでカラ売りをするのです。

反落すれば、買い戻して利益を確定、上昇したときは現渡しをすればカラ売りした場合の損失を回避できます。

たとえば、カラ売りしたあとに、配当金や株主優待が確定した場合も、現物株は持ったままなので、いずれも受け取ることができます。こうした権利が確定する直前に上昇局面が訪れた場合（実際に配当取り狙いで期末前は上がりやすい）の有効な活用法になるでしょう。

これらは投資法の一例にすぎませんが、塩漬け株は信用取引の買いを行うときにも役立ちます。現金の代わりに担保（銘柄によって掛け目が違ってきます。70％だったら、塩漬け株の時価の70％分が代用担保として認められます）になるので、活用を検討してみてもいいと思います。

運用は効率的に行うことが重要です。そのためにも、非効率だった塩漬け株を活用してみましょう。

塩漬け株の有効利用

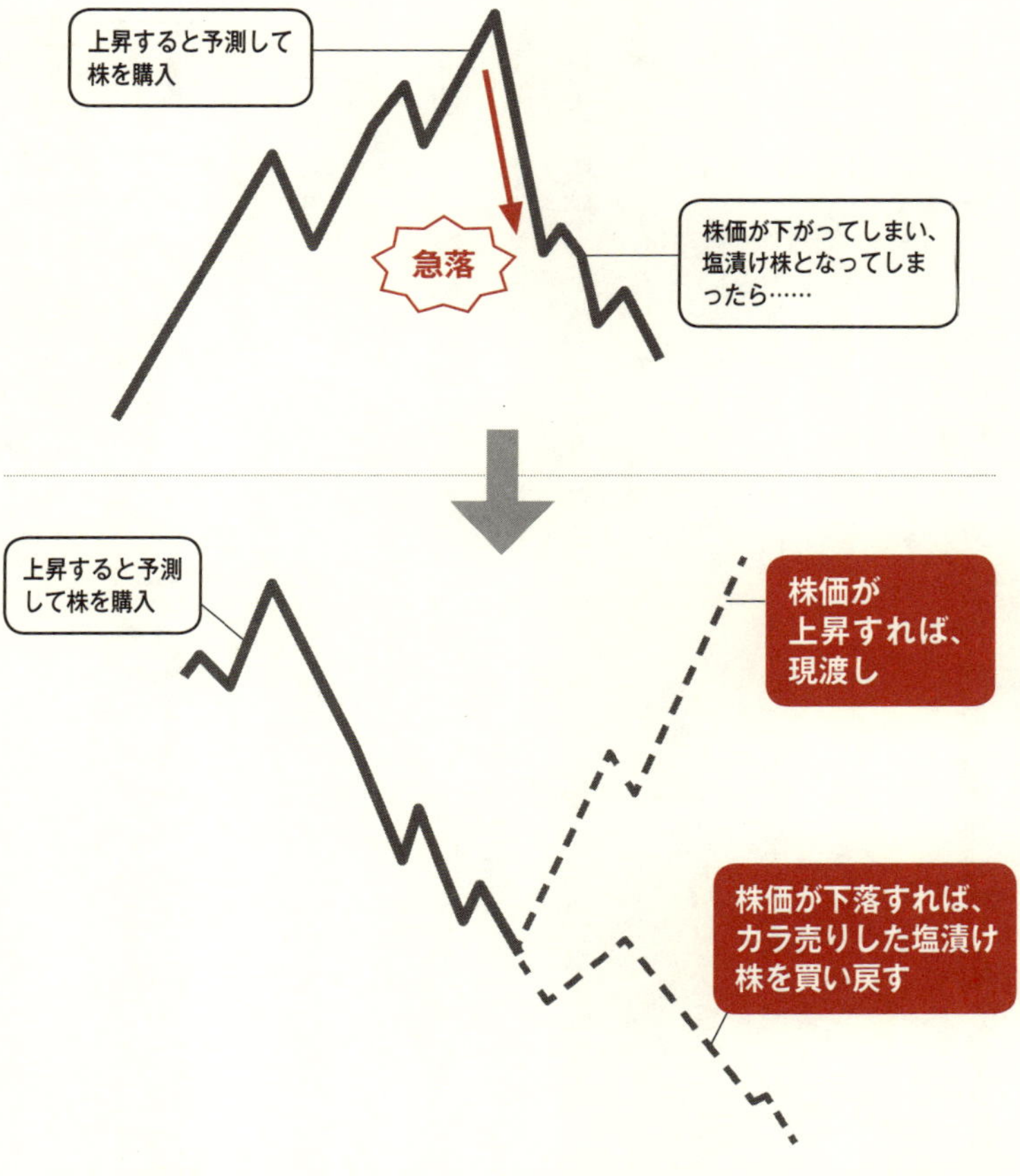

配当金や株主優待が確定すれば、受け取ることもできます。

上の巻 入門編

4-4

下落に備えて「リスクヘッジ」として有効活用する

下がると思った株を売って、短期間で利ざやを稼ぐのがカラ売りの醍醐味《だいごみ》と言えるでしょう。しかし、取引手法がそれだけではないことは、これまで示してきた通りです。

前項では、塩漬け株についての活用法について記しましたが、利益が乗っている株についても、もちろんカラ売りは活用できます。

将来、株価の下落が予想される場合、下落に備えるヘッジ売りがそれで、平たく言えば、保険のようなものと見ていいでしょう。

たとえば、悪い経済指標が発表されて、景気の悪化が懸念されたとき、企業業績は減益になることが予想されます。株価が高値圏にあれば、将来、値下がりすることは想像に難くありません。そんな状況の時に、持っている株をカラ売りすれば、それまでの利益を事実上、確定させることができます。

その通りに下がった場合は、**カラ売りの建玉を買い戻して決済**すれば、その分の差益を現金として手にすることができます。そこから戻ると思えば、そのまま持ち続けて、再度、値上がり益を狙えばいいですし、株価が戻らないと判断したときには買い戻すと同時に現物を売却すれば、利益が完全に確定します。

一方、予想に反して上昇した場合、今度は現渡しで決済すれば、上昇した分の損は発生しません。現物を保有して同じ銘柄をカラ売りすることは、それ自体が強力な武器になると言ってもいいでしょう。

カラ売りで損をするケースで多いのは、信用買いと同様にズルズルと売ったままにして、担がれてしまうこと。特に怖いのは、天井知らずという点です。

買いの場合は、現物株投資、信用取引にかかわらず、最悪倒産しても買った額に損が限定されます。ところが、カラ売りだとそうはいきません。株価が上がり続ける限り、損失はふくらみ続けるわけで、損失の最も大きな額は無限大――計ることができない、青天井となってしまうのです。

しかしながら、現物を持っていれば、株価が倍になろうが、10倍になろうが、**現渡しで現物を処分**してしまえば、いっさい損が生じることはありません。

そういう意味で、カラ売りを初めて行う場合、ヘッジ売りからスタートし、ある程度経験を積んでから、いろいろな手法にチャレンジしてみることをお勧めします。

さて、ヘッジ売りは、持っている株数と同数を売る完全なリスクヘッジでもいいですが、**部分的にリスクを回避する方法**もあります。

たとえば、２０００株保有している株が大きく値上がりして利が乗っているとき、「もう少し上がりそう」と思いながらも自信が持てずに迷った場合、半分の１０００株だけヘッジをかけるのがいいでしょう。

その後、上がった場合は、ヘッジをかけた分のみ現渡しをして、残りの現物を同時に売って利益を確定させるか、そのまま持って値上がり益を狙い続けるか、投資のバリエーションが広がります。

下がった場合は、カラ売りした分のみ差金決済で利益を確定。先行き、株価が戻らず、現物を持ったまま評価益が減ったとしても、理論上、買いコストは下がりますので、値下がりしたとしても心理的にラクになるのは間違いありません。

ヘッジ売りは、カラ売りの手法としては地味に感じるかもしれないながら、実際に工夫をして行えば、そうでもないのです。

以上に示したように、注文する株数にメリハリをつけるだけでも、リスクの軽減、あるいは攻撃的なポジションが形成できます。その場その場のシチュエーションによって、取引の手法を工夫してみましょう。

ヘッジ売りとは？

●カラ売り後、上昇すると予測

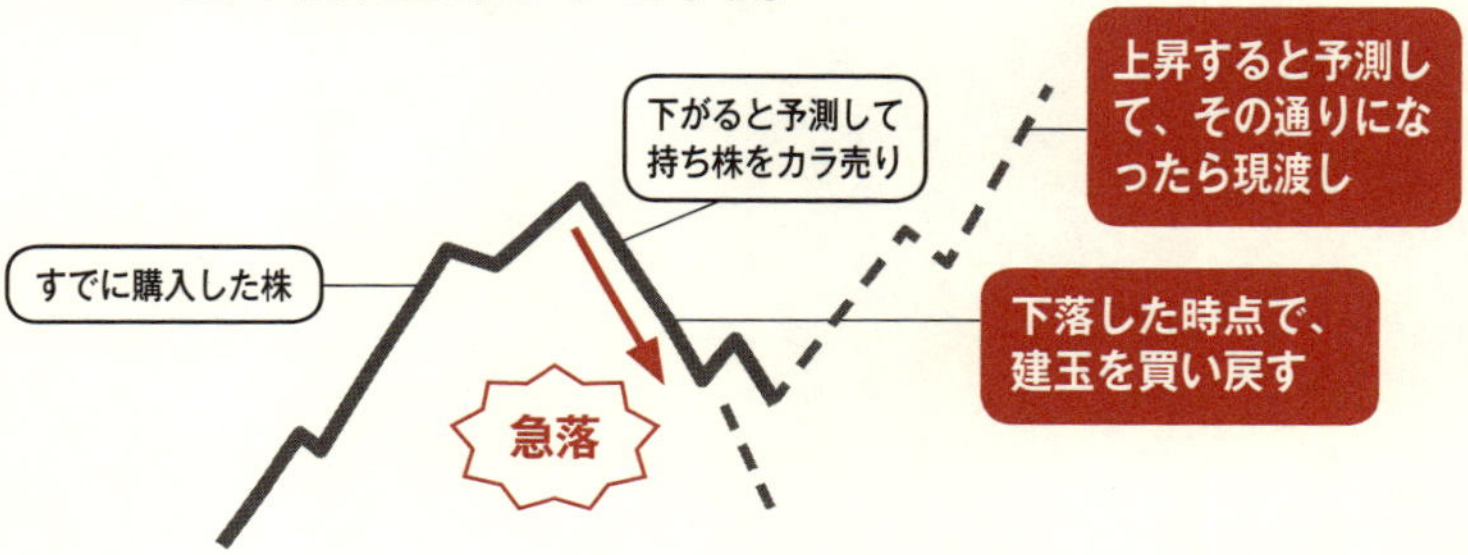
下がると予測して
持ち株をカラ売り
すでに購入した株
急落
上昇すると予測して、その通りになったら現渡し
下落した時点で、建玉を買い戻す

●カラ売り後、下落すると予測

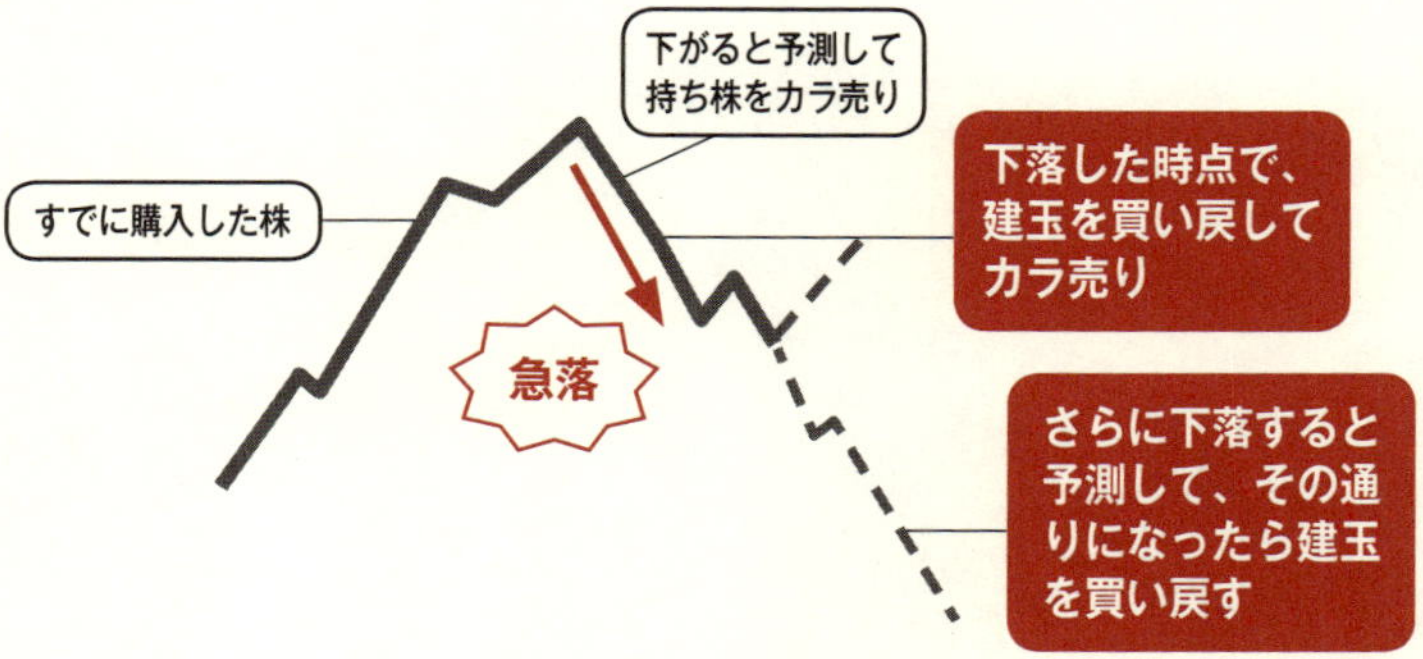
下がると予測して
持ち株をカラ売り
すでに購入した株
急落
下落した時点で、建玉を買い戻してカラ売り
さらに下落すると予測して、その通りになったら建玉を買い戻す

建玉とは

未決済になっている契約総数のことを玉《ぎょく》と言います（英語ではポジションと言う）。特にカラ売りした玉を「売り建玉」と言い、下落を予想した場合に「売り建玉を持つ」と言います。

下の巻

株の売り方［実践編］

第5章

下げ相場にうまく乗ろう！

下の巻 実践編
5-1

「カラ売り」で早く稼げる下げ相場

株で儲けようというとき、短期間の値幅取りにおいては波に乗ることが重要です。中長期の投資であれば、目先の上げ下げは誤差と言えるかもしれませんが、短期間での勝負となれば一瞬のためらいが命取りにならないとも限りません。

株価に波があるのは、チャートを見れば感じることで、波に逆らって儲けることはできません。それは買いだけではなく、売りも同じことです。カラ売りを行うときは、**下げ相場にうまく乗る**ように株価のトレンドを見極めましょう。

カラ売りで対処する下げ相場のほうが、買いで入る上げ相場のほうより効率がいいということは、これまでも記してきましたが、もう少し詳しく考えてみましょう。

過去の相場の実例を見れば、下げ相場のほうが早く利益が上げられるという、それを示す明確な理由はありません。全体の相場を見るときに「上げはバラバラ、下げは一緒」と言われることから、全体の株価指数は上がるときは循環物色で順繰りに買われていくため、指数が急騰する場面はそう多くありません。しかし、何々ショックと言われる下げ相場に見られるように、銘柄がいっせいに下がることが多いことからも説明がつきそうです。

一方、なぜ個々の銘柄についても、下げのほうのスピードが速くなるのでしょうか？

その理由としては**投資家心理**が考えられます。経済学のゲーム理論からもそのことがわかります。

ゲーム理論とは、複数のプレーヤーが相手の動きを予測しながら行動した場合、どのような結果になるかを分析することです。株式市場においては、いろいろな投資家が存在しますが、それぞれが売りか買いかどのような行動を取るか考えて売るか買うか決めます。

ケインズの**「美人投票論」**はその最たるものでしょう。この美人投票は、自分が美人と思った人ではなく、多くの人が投票しそうな人を選ばなければなりません。自分の好みで投票してはダメなのです。

株について言えば、何か好材料か悪材料が出れば簡単に答えは出せます。「美人」が誰か衆目一致――つまり、好材料が出た銘柄は間違いなく業績が良くなると皆が思って買いが集中し、悪材料が出た銘柄は反対に売りが集中するからです。

ただし、売りと買いのいずれかの行動を取るとき、投資家の心の中はビミョーに違うことを考えなければなりません。人は損をしたくないという気持ちが本能的に働くことです。

たとえば、買いの場合は、もともとその対象となる株を持っていないので、当然のことながら、その場で買わなければ損をすることはありません。ですから、どんな場面であっても、買おうとする投資家は、常に「いつ買えば良いのか」考えることになり、よほどの好材料が出た銘柄を除けば、買う行動の時期はバラバラになります。そのため、上昇相場においても、1本調子で上がることはないのです。

一方、売りはどうなるのでしょうか?

持っている株が値下がりすれば損してしまうので、常に損するリスクを抱えているため、買おうとする投資家に比べて自然と行動が早くなりがちです。のんきに構えていたら、乗り遅れて損がかさんでしまうのですから。

ここでゲーム理論が登場します。少しでも株価に変調を感じられるようになった場合、その銘柄を持っている投資家は自分が損をしないために売りを考えるだけではなく、ほかの投資家も売り急ぐと予想し、結果、早め早めに売ろうとする投資家が増えてきます。そうなると、株価の下げが速くなるのは想像に難くありません。

すると、「売る人が増えそうだ。こんなところで買ったら損をしてしまう」と思って、その銘柄の内容が優れているとしても買わなくなります。中長期的な視点で買おうと思っている投資家も「もっと安く買えるかもしれない。どうせ買うなら安い水準で買おう」と買うのをいったん手控えます。株価は言うまでもなく、売りと買いの需給で決まるので、結果、下げのスピードがアップすることになります。

そうした心理状態を逆手に取って、**下げ相場に乗ろうとするのがカラ売りの投資法**です。買いのときと同じで、実際にカラ売りを仕掛けるまでは損するリスクが発生しないのですから、心理的にも余裕を持って臨むことができます。

損に怯《おび》えるという投資家心理につけ込む、ちょっぴりズルい方法と感じるかもしれませんが、もともと株式市場は「命の次に大切なお金」で勝負する厳しい世界。目の前にあるチャンスは活かさなければならないのです。

もちろん、いつでも売りが優位に立っているわけではありません。以上記したことは一般論であり、好材料が出たあとは、手がつけられないような上昇相場となることもあります。

ただし、人気が過熱して株価が伸び切ったようなときは、下げが速くなるのは確かです。それは「人気を集める＝買った人が多い」ということで、「損をする」リスクを抱え、早く逃げたいと思っている投資家がたくさんいるためです。

では、どんな状況のときに下げが加速するのでしょう。以下に例を挙げ、チャートで示したのでご覧になってください（126～128ページ参照）。

エーザイ（4523）

➡ 日足チャート、移動平均線は5、25日線

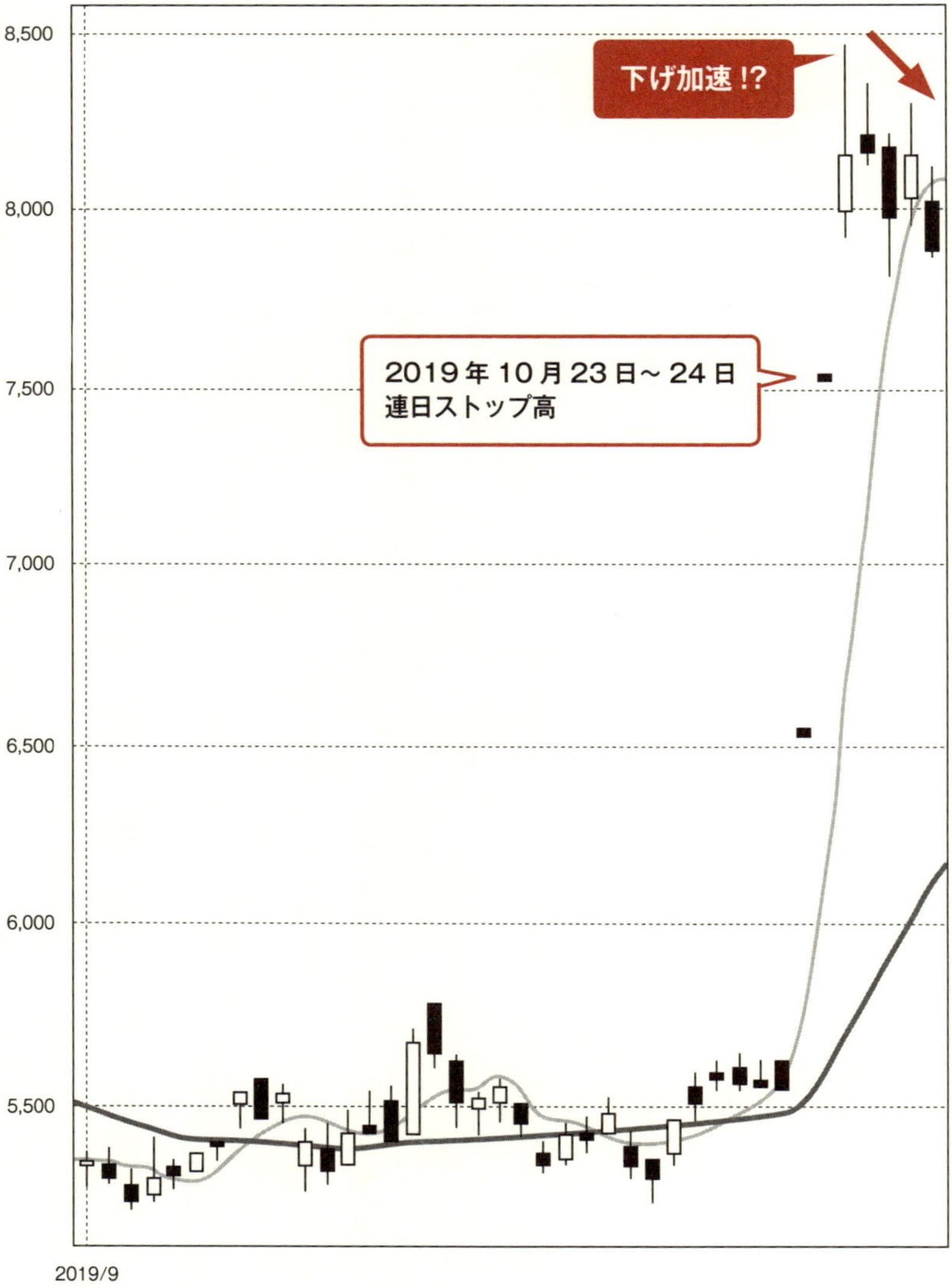

出所：SBI証券より作成

JXTG ホールディングス（5020）

➡ 日足チャート、移動平均線は５、25 日線

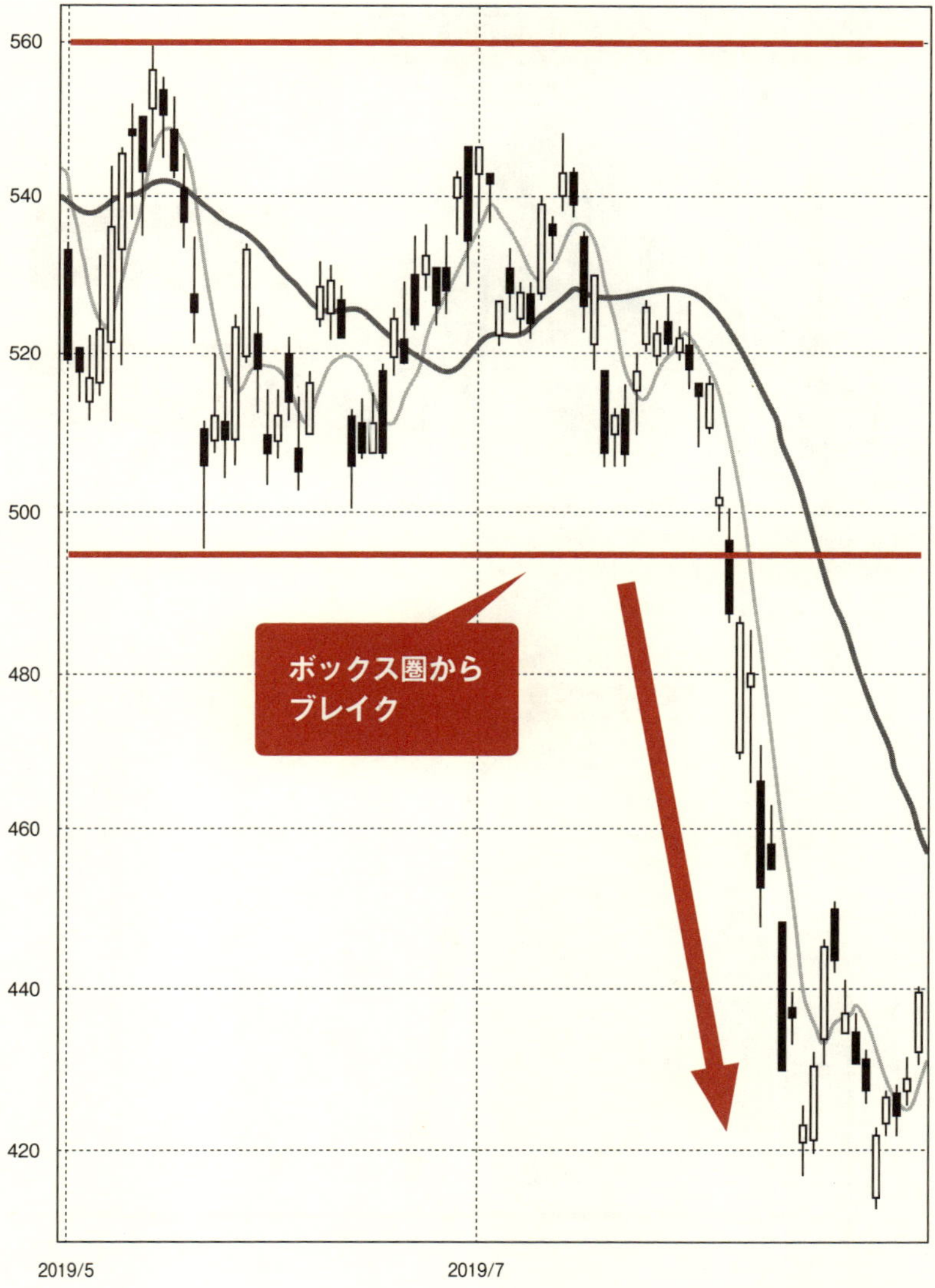

出所：SBI 証券より作成

三菱重工業（7011）

➡ 日足チャート、移動平均線は5、25日線

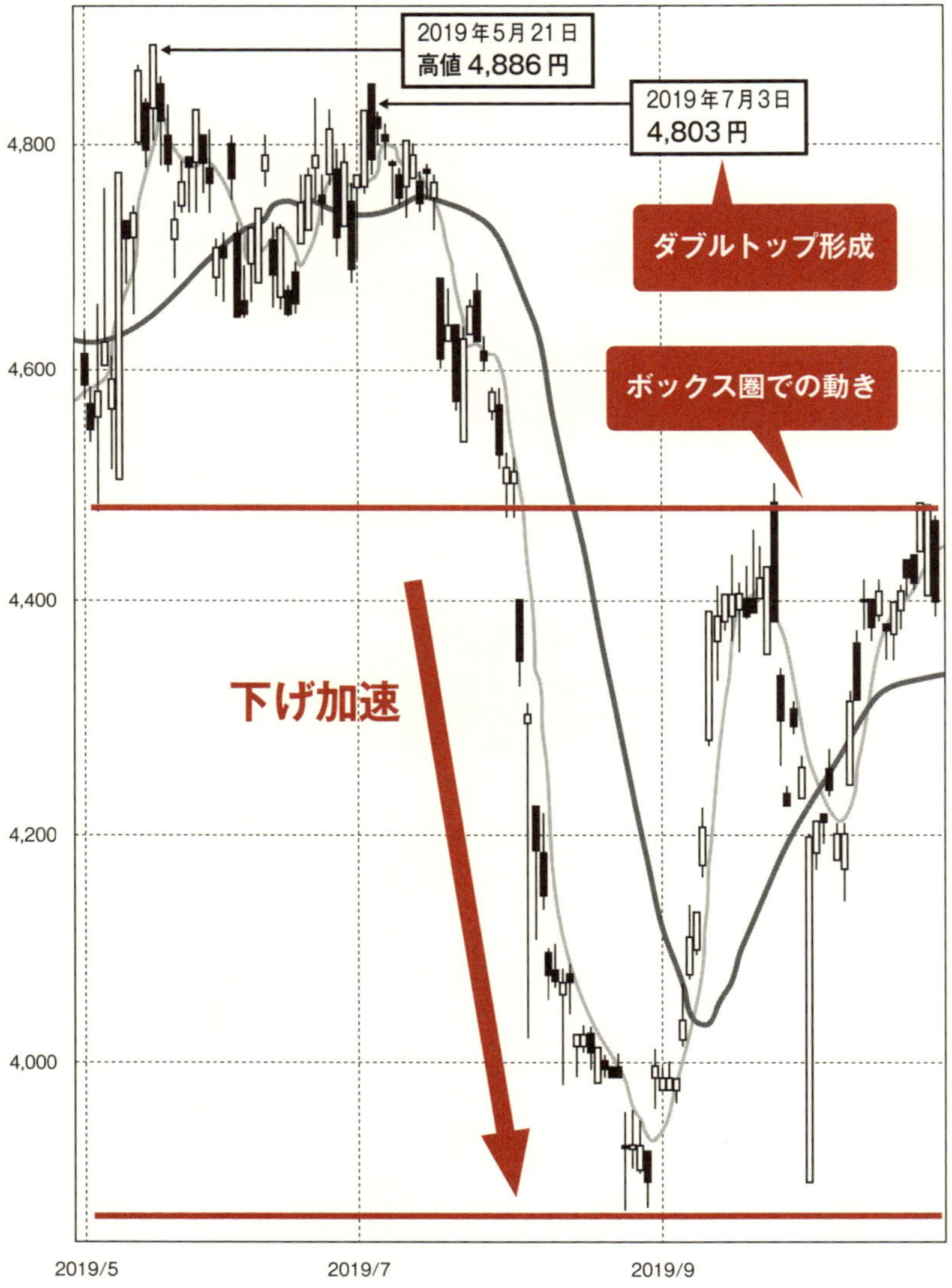

出所：SBI証券より作成

下の巻 実践編
5-2

「急騰株」を探す

急騰株の伸び切ったところはカラ売りのチャンスですが、伸び切ったかどうかは、どのように判断すればいいのでしょうか？

ストップ高をした銘柄が、翌日に安寄りしたのでチャンスと思ってカラ売りしたら、巻き返してその日はストップ高、翌日は寄り付きから値がつかずストップ高比例配分……などというのは、ありがちな話でしょう。

一度ストップ高をした程度では、新たな材料が出た場合などは止まらないケースも少なくありません。**ちょっと見で、伸び切ったと思うのは危険極まりなく、テクニカル分析をして冷静に判断すべき**なのです。

また、売り叩《たた》かれて底値圏に到達したような銘柄は、自律的な反発でもかなりの値幅を伸ばすこともあるので、こうした銘柄も避けたいもの。急騰株と言っても、その株価水準によって上がり方に違いがあります。

底値圏にある銘柄以外では、上場来高値を更新したばかりの銘柄もカラ売りするのは危険と言えるでしょう。

なぜなら、上場来高値ということは損した人がいないのとイコールで、戻り売りや投げ売りなど、上値を圧迫する要因がないので上がりやすいからです。こうした銘柄は、ある程度押すまでは見送ったほうが無難でしょう。

伸び切った、買われすぎた——これらの判断は、テクニカル分析にゆだねます。以下に、それらの判断基準を示しました。

◐25日移動平均線から10％以上、上方かい離した

過去の株価の平均値である移動平均線から、大きく上に位置する場合は、修正（下がる）するケースが多くなります。短期売買の時は25日線からのかい離率を見るのが一般的です。

◐押した幅の倍返しを達成した

たとえば、1000円で高値をつけた株が800円まで下落したあと、1200円まで上昇した場合など。下げ幅の倍返しはテクニカル的に警戒される水準です。

◐上昇を続けているが商い（出来高）が減少した

商いがふくらんでいる間にカラ売りするのはリスクが大。一般的に、株価が上昇しながら商いが減ってきた場合は、株価が反落するサインとなります。

◐急騰して前の高値に届いた途端、株価が伸び悩んだ

前の高値を形成した際に、出来高が膨張していた場合、ヤレヤレの売りなどで伸び悩み、なかなか高値を抜けないと、やがて反落するケースが多いのです。

◐12連騰以上した

あまりないケースですが、テクニカル分析のサイコロジカルライン（上昇を1勝、下落を1敗とカウント、12日間の勝敗で分析）では12連騰は過熱感の極み。自律的な調整が見込めます。

こういた判断基準で、伸び切ったか、買われすぎかを判断します。

なお急騰株については、証券会社のホームページなどにある分析ツールを活用するといいでしょう。これを使って、前述のような条件を設定してスクリーニングすれば簡単に探すことができます。

たとえば、「25日移動平均線から10％上方にかい離」と打ち込めば、対象となる銘柄がズラリ並んで出てきます。かい離率については、慎重に15％と設定するなど、自分の見方によって数値を変えましょう。ＳＢＩ証券のツールを例に具体的なスクリーニングの仕方を示しましたので参考にしてみてください（１３２、１３３ページ参照）。

スクリーニングで条件を設定する

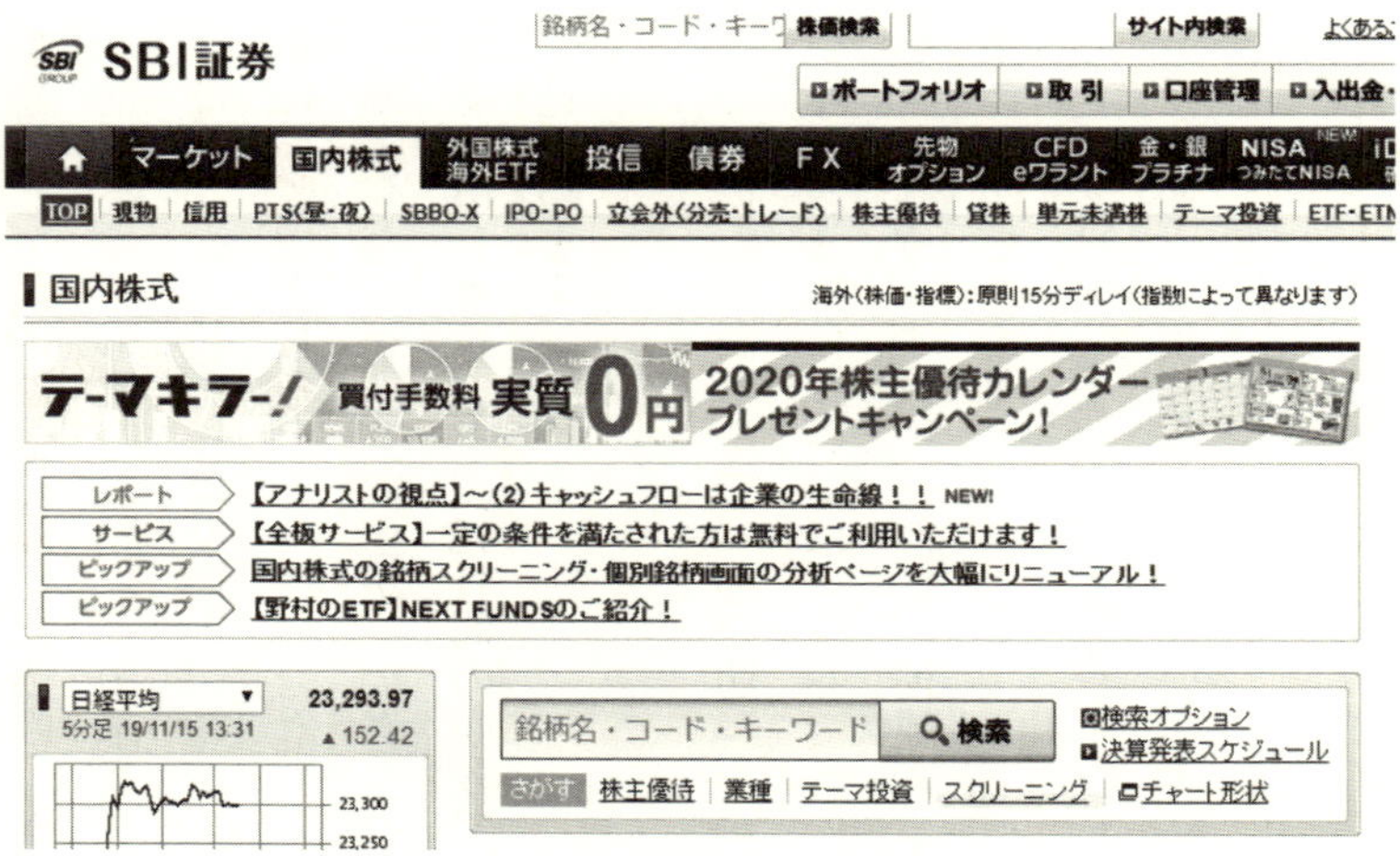

▶ スクリーニング画面

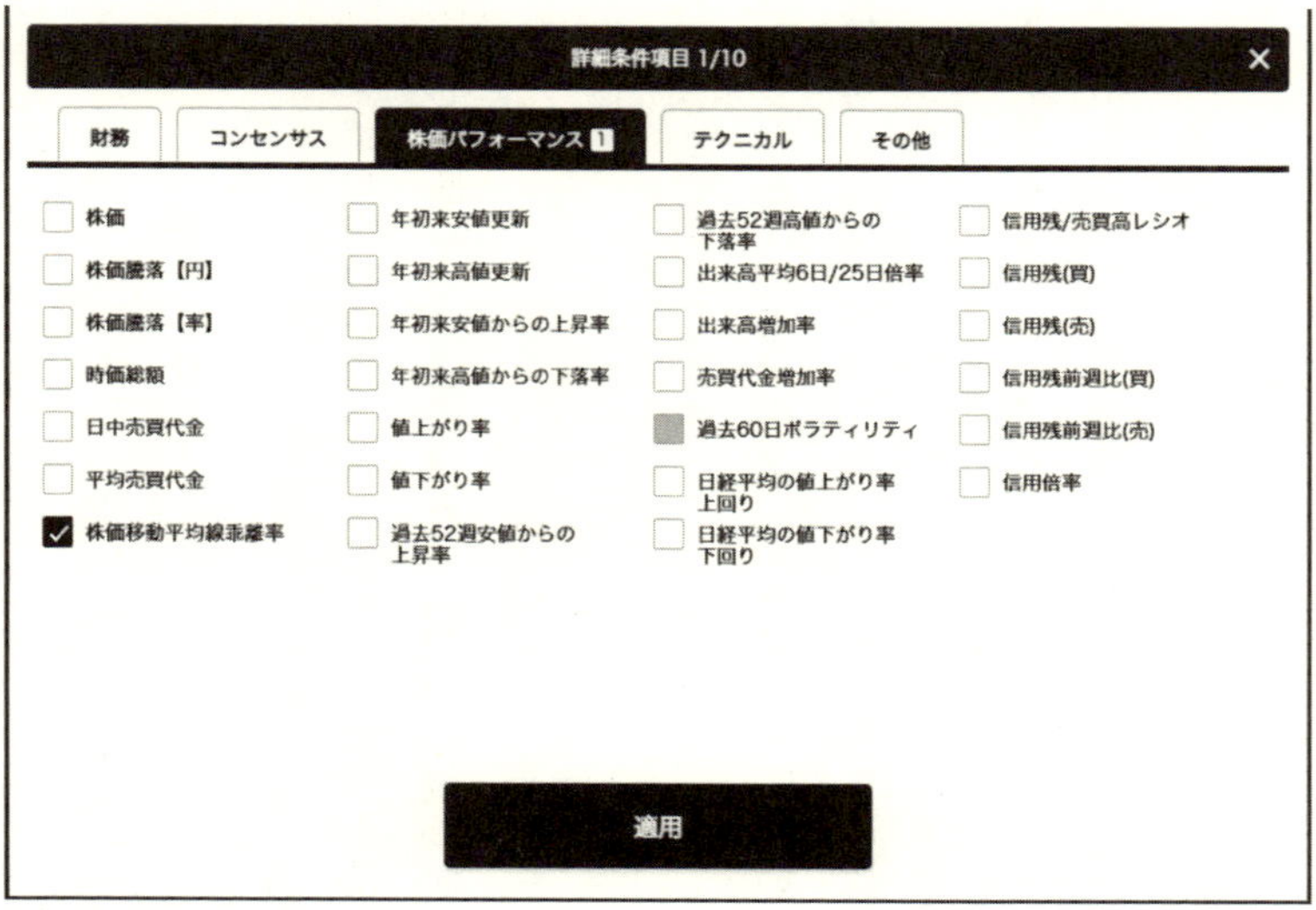

▶ 結果画面

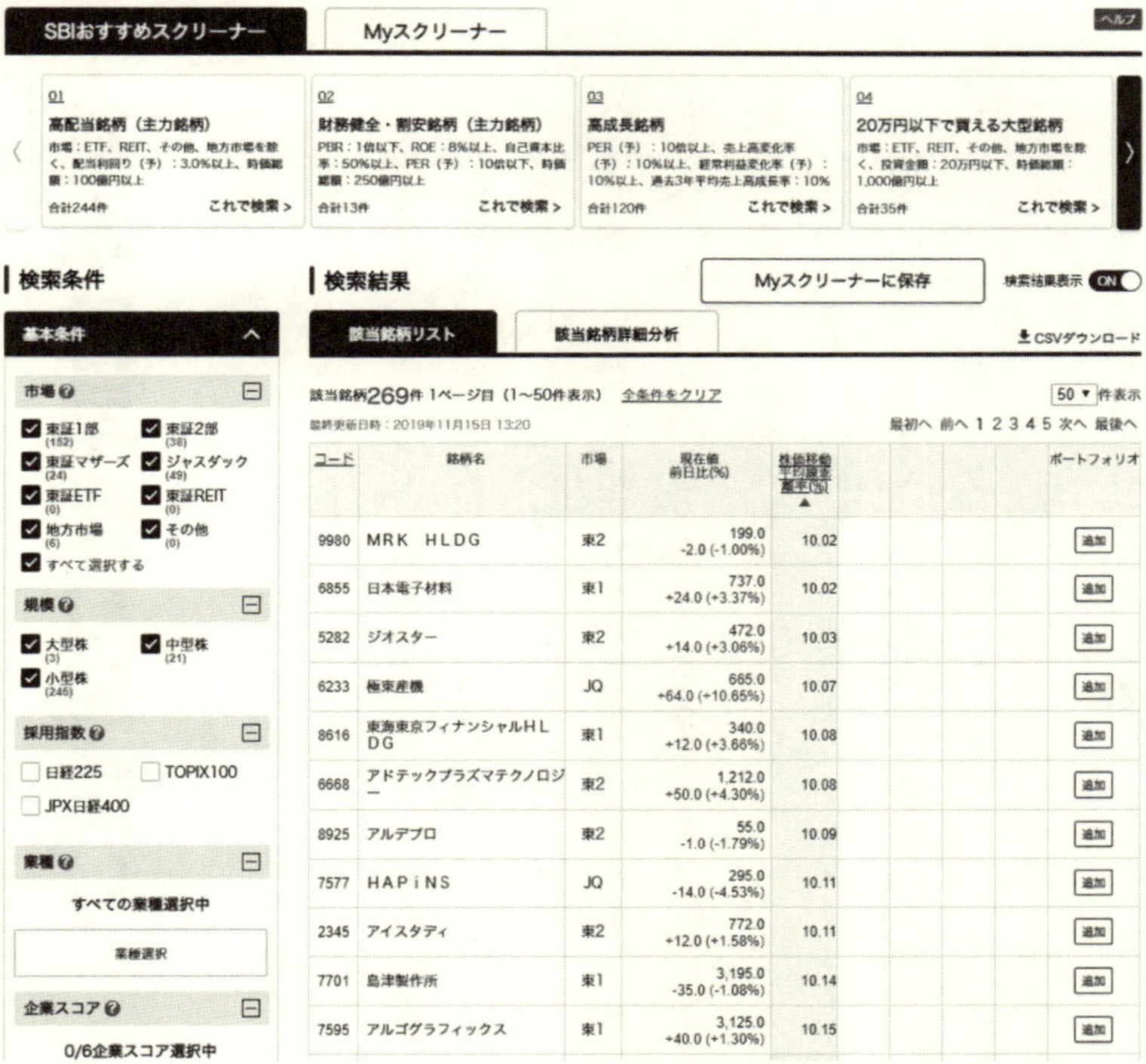

スクリーニングで条件を設定する

急落した際は、前ページのスクリーニング画面で分析。テクニカルで分析するほか、次の条件はチェックしましょう（また、テクニカルやその他で詳細条件を入れてスクリーニング）。

- ○ 株価騰落【率】
- ○ 株価移動平均線乖離率
- ○ 出来高増加率
- ○ 値上がり率
- ○ 値下がり率

出所：SBI証券

下の巻 実践編

5-3

基本は早乗り早降り

急騰株をタイミング良く売ることが、カラ売りで儲ける王道となりますが、**「山高ければ谷深し」**というように、高くなれば高くなるほど落ちる谷も深くなるのが株の世界。急騰した銘柄も、上がるスピードが速ければ、下がるスピードも速くなることが多いのです。

一番おいしいところは、トレンドが崩れ始めたところ。急騰したあと、瞬間的な高値をつけて下げに転じる銘柄もあります。しかし多くは、いったん高値圏で売り買いが交錯しもみ合います。**このもみ合いで売ると、下げに転じた直後の大きな下げの値幅がそのまま利益になり、効率良く利益を生み出す**ことができます。

そこで大事なのは機敏な対処です。ダラダラと下がる銘柄と違って、急騰した銘柄はその後も乱高下しやすく、いったん下げ止まったあとの自律反発も急になるケースが少なくありません。ある程度利が乗ったと思ったら、すぐに買い戻しをして利益を確定するのが肝要です。

そもそも買いもそうですが、信用取引は借金をして行う取引ということを忘れてはいけません。通常の借金も返済が早ければ早いほどコストが少なくすみます。株もそれは同じことで、利益が乗っても損が発生しても、すぐに手仕舞うのが鉄則です。いたずらにダラダラと引き延ばしていいことはないのです。

確たる統計はありませんが、ベテランの営業担当者によると、信用取引には「13日の法則」があるとか。取引してから13日までに利が乗らない場合は、その後のパフォーマンスが悪くなる傾向があるそうです。

これは1つの例にすぎません。しかし、いつまでに反対売買するという目安として覚えておきましょう。

もう1点、つけ加えると、カラ売りをした場合、**その期間が長いと、それに比例して逆日歩のリスク**が高まります。急落した場合、現物や信用買いの投げが殺到するのみならず、カラ売りが激増します。

そこで何が起きるかというと、逆日歩の発生です。仮に利益が生じていても、逆日歩がついてしまった場合、その分だけ生じた利益と相殺されてしまい、「あれだけ下がったのに、利益はこれだけ？」などということも出てきてしまいます。

なぜなら、カラ売りが集中すると、それに応じて日証金が機関投資家などから手当てする株も増えるので、その借り賃も多くなります。

幸い、逆日歩がつかなければいいのですが、高額の日歩によって利益を目減りさせないためにも、読みに反して株価が上昇した場合は、担がれた分の損失に加えて、逆日歩の支払いで損が大きくなるのは言うまでもありません。逆日歩のリスクを考慮しても、短期決戦、早乗り早降りを心がけるべきなのです。

以下に、急騰株が反落した例をチャートとともに示してみます（137～139ページ参照）。

下の巻 実践編

5–4

「信用残」や「逆日歩」の動向をチェック

カラ売りするときだけに限りませんが、株を売買する際には様々なデータ、統計をチェックして判断することが大切なのは言うまでもないでしょう。なかでも、需給動向を見るうえで、個々の銘柄についてその動向を把握しておきたいのが**「信用残の動向」**です。

信用残とは、信用取引の建玉がどれくらいあるかを示すデータ。簡単に言えば、信用取引で反対売買されていない取引が銘柄ごとに売りと買い、どれだけ残っているかが示されます。信用で買った玉は、いずれ決済されるときに売られる一方、カラ売りして建てた玉

Ｚホールディングス〈ヤフー〉(4689) ➡日足チャート

急騰後の一服だが、信用残が売り 187 万株、買い 1447 万株と取り組みが悪い。崩れたらシコリを残すため、そこをカラ売りしてみてはどうでしょうか？

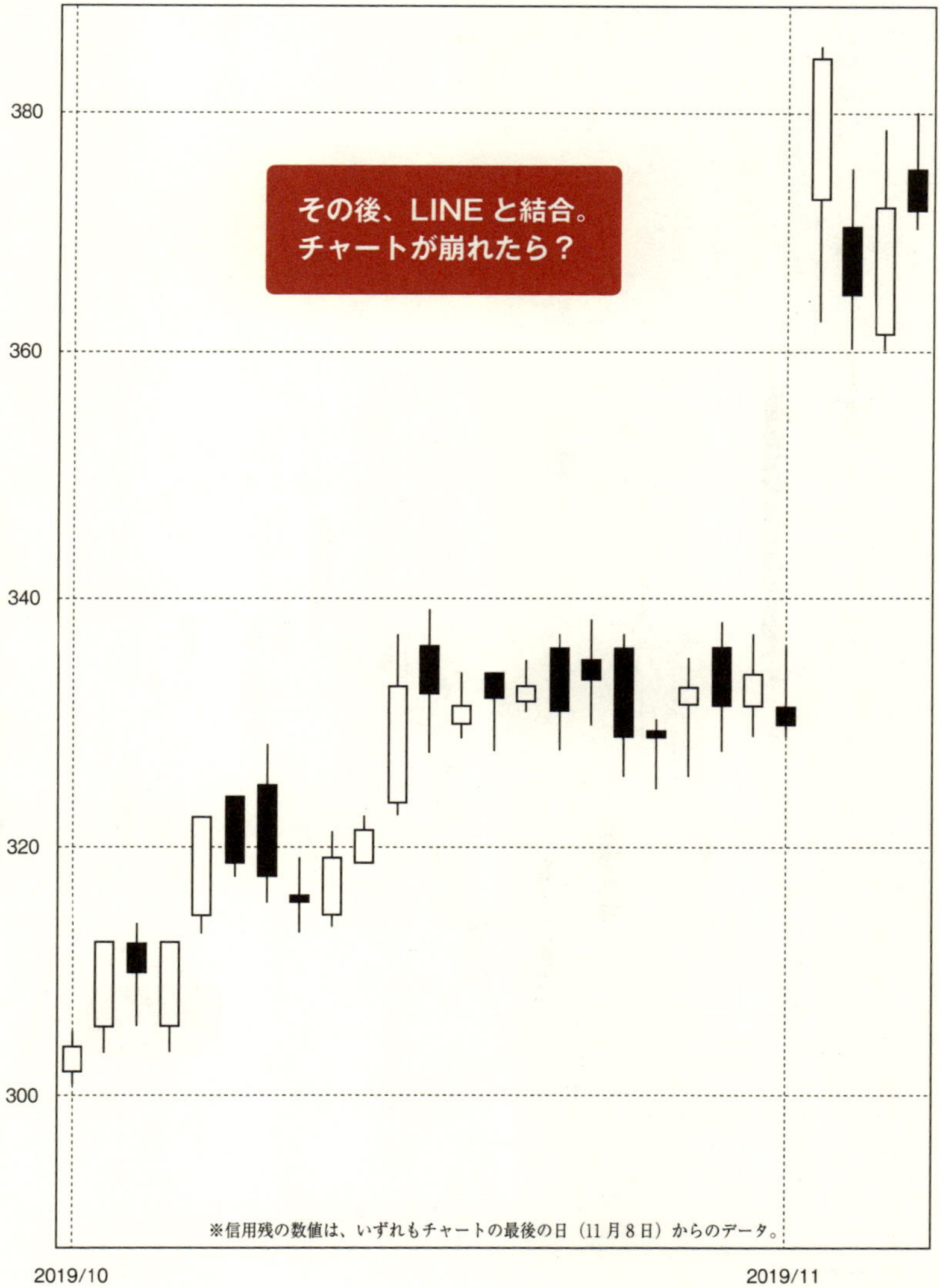

※信用残の数値は、いずれもチャートの最後の日（11月8日）からのデータ。

出所：SBI証券より作成

楽天（4755）➡日足チャート

信用残が売り136万株、買い1244万株、信用倍率は9.12倍。上値のシコリが重そうなため、戻る場面はカラ売りのチャンス到来か？

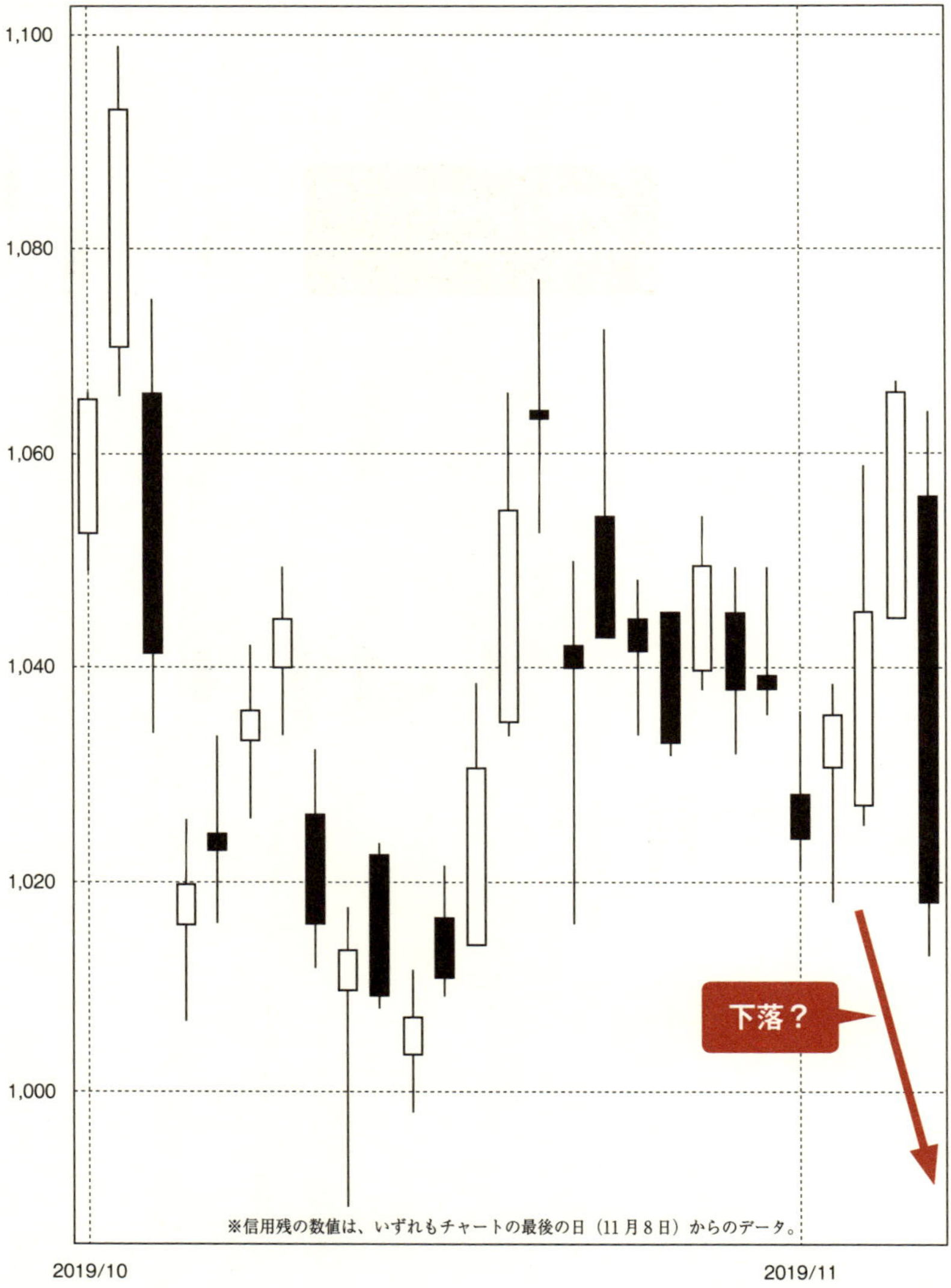

出所：SBI証券より作成

ワークマン（7564）➡日足チャート

信用残は売り1万9000株、買い135万3000株。急落前に買った玉が多いとみられ、戻ったところはカラ売りで対処できるのでは？

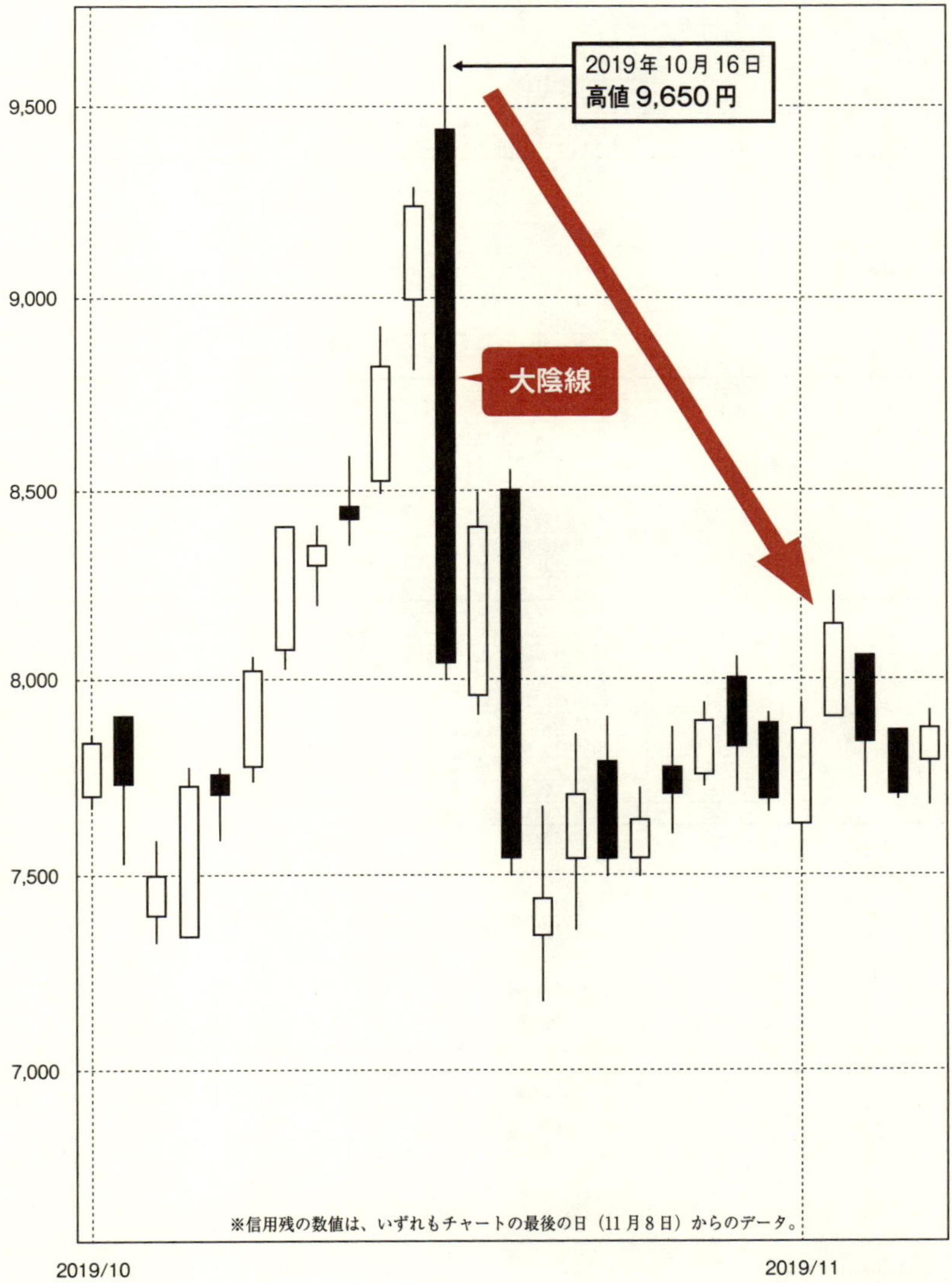

出所：SBI証券より作成

こちらも参考にしたい信用取引における残高の多い銘柄

	銘柄コード	銘柄名
2018/12	2702	日本マクドナルドホールディングス
	3197	すかいらーくホールディングス
	8179	ロイヤルホールディングス
	3003	ヒューリック
	9830	トラスコ中山
	4927	ポーラ・オルビスホールディングス
	5946	長府製作所
	3091	ブロンコビリー
	2579	コカ・コーラ　ボトラーズジャパンホールディングス
	4578	大塚ホールディングス
2019/02	8905	イオンモール
	3141	ウエルシアホールディングス
	8267	イオン
	9602	東宝
	7649	スギホールディングス
	3048	ビックカメラ
	9787	イオンディライト
	9948	アークス
	3087	ドトール・日レスホールディングス
	7516	コーナン商事
2019/03	9201	日本航空
	9202	ANA ホールディングス
	7550	ゼンショーホールディングス
	9021	西日本旅客鉄道
	4661	オリエンタルランド
	6412	平和
	8601	大和証券グループ本社
	9048	名古屋鉄道
	9041	近鉄グループホールディングス
	7616	コロワイド
2019/06	2702	日本マクドナルドホールディングス
	3197	すかいらーくホールディングス
	8179	ロイヤルホールディングス
	3028	アルペン
	2914	日本たばこ産業
	4967	小林製薬
	3097	物語コーポレーション
	3085	アークランドサービスホールディングス
	4985	アース製薬
	3975	AOI TYO Holdings
2019/08	3048	ビックカメラ
	9602	東宝
	7630	壱番屋
	8267	イオン
	2157	コシダカホールディングス
	3387	クリエイト・レストランツ・ホールディングス
	9601	松竹
	9861	吉野家ホールディングス
	7581	サイゼリヤ
	3046	ジンズ
2019/09	7550	ゼンショーホールディングス
	9201	日本航空
	6412	平和
	9202	ANA ホールディングス
	9048	名古屋鉄道
	9041	近鉄グループホールディングス
	7616	コロワイド
	8601	大和証券グループ本社
	4661	オリエンタルランド
	9936	王将フードサービス

出所：SBI証券

は、将来、買い戻されるわけです。

つまり、買い残はその分だけ、将来、確実に売りが出てくるので、それが多ければ多いほど、その銘柄は売りに圧迫されやすく、株価は上がりにくいと見ることができます。反対に、売り残が多い銘柄は、買い戻し需要があるため、将来の株価上昇が期待できることになるわけです。

通常は、売りと買いがどれくらいずつあるか見て判断しますが、当然のことながら、売りが買いを多く上回る銘柄は将来的な値上がりが期待でき、買いが売りを多く上回る銘柄は株価が重くなるのは言うまでもありません。

この売りと買いの建玉がどれだけ食い合っているかを**「取り組み」**と言って、売りに対して買いが何倍あるかが注目されています。これを**「信用倍率」**と言い、たとえば、売り残が10万株、買い残が20万株ある銘柄の信用倍率は2倍。信用倍率が何倍にもなると、その分、将来の売りが多いと想定できるため、短期的な買いの対象としては向きません。逆に、将来の売り要因が大きいのですから、カラ売りの対象には十分なりうると見ることが可能です。

通常、信用倍率が1倍台の銘柄を「取り組みがいい」「好取り組み」と表現し、さらに、1倍以下、売りが買いを上回る銘柄は、買い仕掛けの対象として狙われやすいので、そうした銘柄はカラ売りするのを避けたほうが無難です。

また、1倍を割り込むような銘柄は、**「株不足状態」**などと表現されます。逆日歩が付きやすいのもこの状態のときです。

こうした銘柄は、逆日歩のリスクがあるだけではなく、下がったら利益確定のために買い戻しが入る可能性が高く、そうした意味でもカラ売りの対象として狙いにくくなるので、個々の銘柄について信用残の動向は必ずチェックする習慣をつけておきましょう。

以下に信用買い残と売り残の基本的な見方を記しましたので、参考にしてみてください。

また、株価と信用残をチャートで解説してみましたのでこちらも参照ください（144～146ページ）。

◐信用買い残

- ●株価上昇時に買い残が増加 ➡ **強気で対処（カラ売りは控える）**
- ●買い残が増えたあとに株価が伸び悩む ➡ **警戒信号（カラ売りの好機）**
- ●買い残が増加中に株価が下落 ➡ **弱気で対処（カラ売りの好機）**
- ●株価下落時に買い残が減少 ➡ **株価は調整期（買い戻すタイミング）**
- ●ピークから買い残が大幅に減少 ➡ **強気転換（カラ売りは見送り）**

◐信用売り残

●株価上昇で売り残が増加➡**強気信号（カラ売りは控える）**
●売り残減少後に株価下落➡**警戒信号（カラ売りの好機）**
●売り残急減➡**調整期（買い戻しのタイミング）**
●株価下落で売り残増加➡**強気転換（逆日歩つくなら逃げ場）**

それぞれ、買い残と売り残について記しましたが、あくまでも、取り組みの状態で判断してください。

たとえば、買い残と売り残が両方ともふくらみ、信用倍率が1倍前後で拮抗《きっこう》している場合、相撲で言えば〝がっぷり四つ〟で組んでいるようなものですが、そうなると上下いずれにも株価が動きにくくなります。

こうした銘柄は、売り残が多い分、逆日歩がつくリスクも大きく、そんななかで動きに乏しくなるとカラ売りする妙味はまったくありません。株価水準を見るだけではなく、〝敵〟はどうなっているのかを知るうえでも、信用残の統計は必ず見るようにしましょう。

みずほフィナンシャルグループ（8411）➡日足チャート

株価上昇中の買い残増加は、カラ売りは危険のサイン。一方、カラ売りが増加し、取り組みが好転し、需給面で上昇期待がふくらむ。

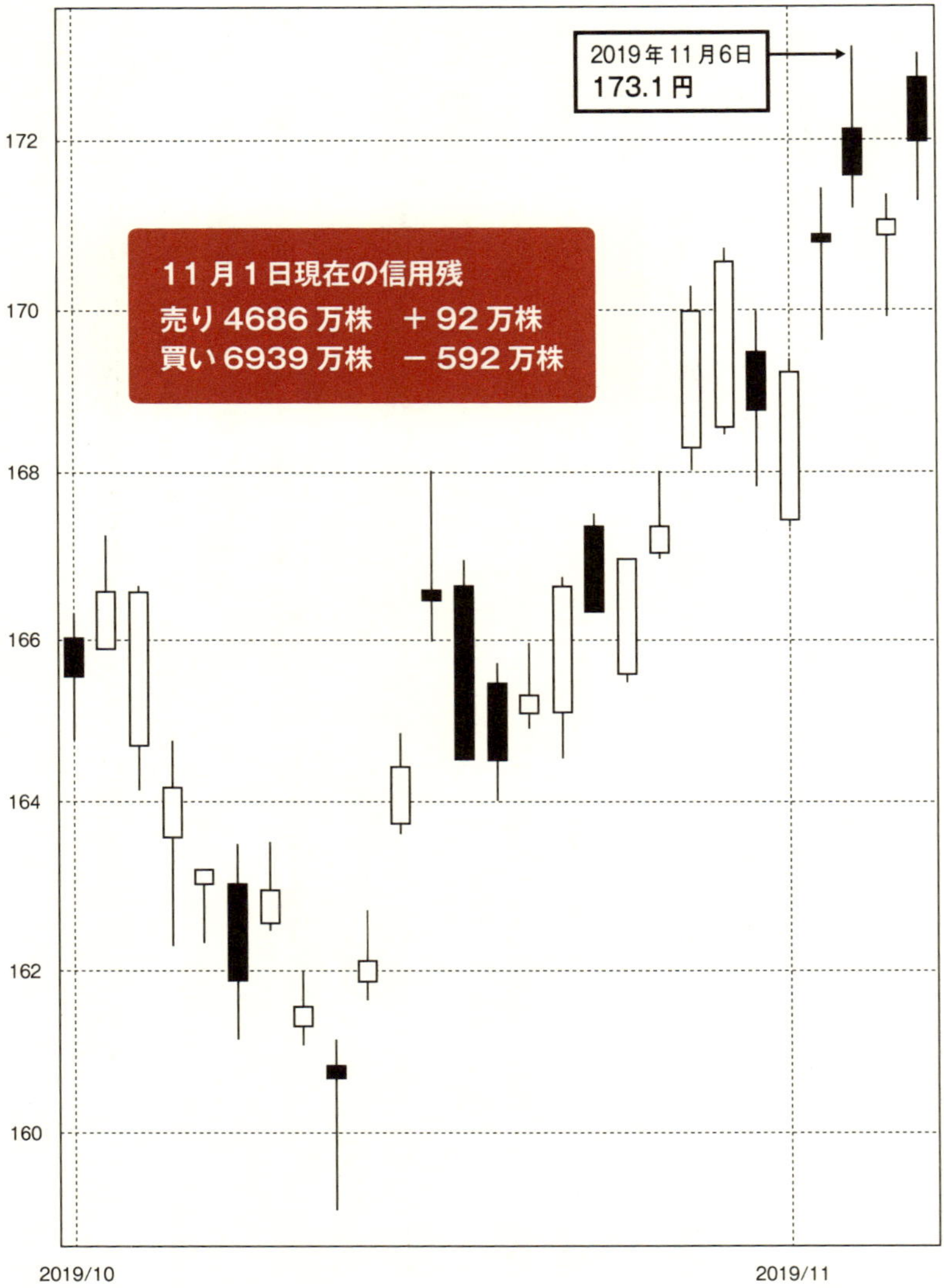

出所：SBI証券より作成

JVCケンウッド（6632）➡日足チャート

典型的な上昇中に買い残が増えたケース。ここで押しを入れるとこれらはシコリに。カラ売りに妙味あるタイミングと判断可能。

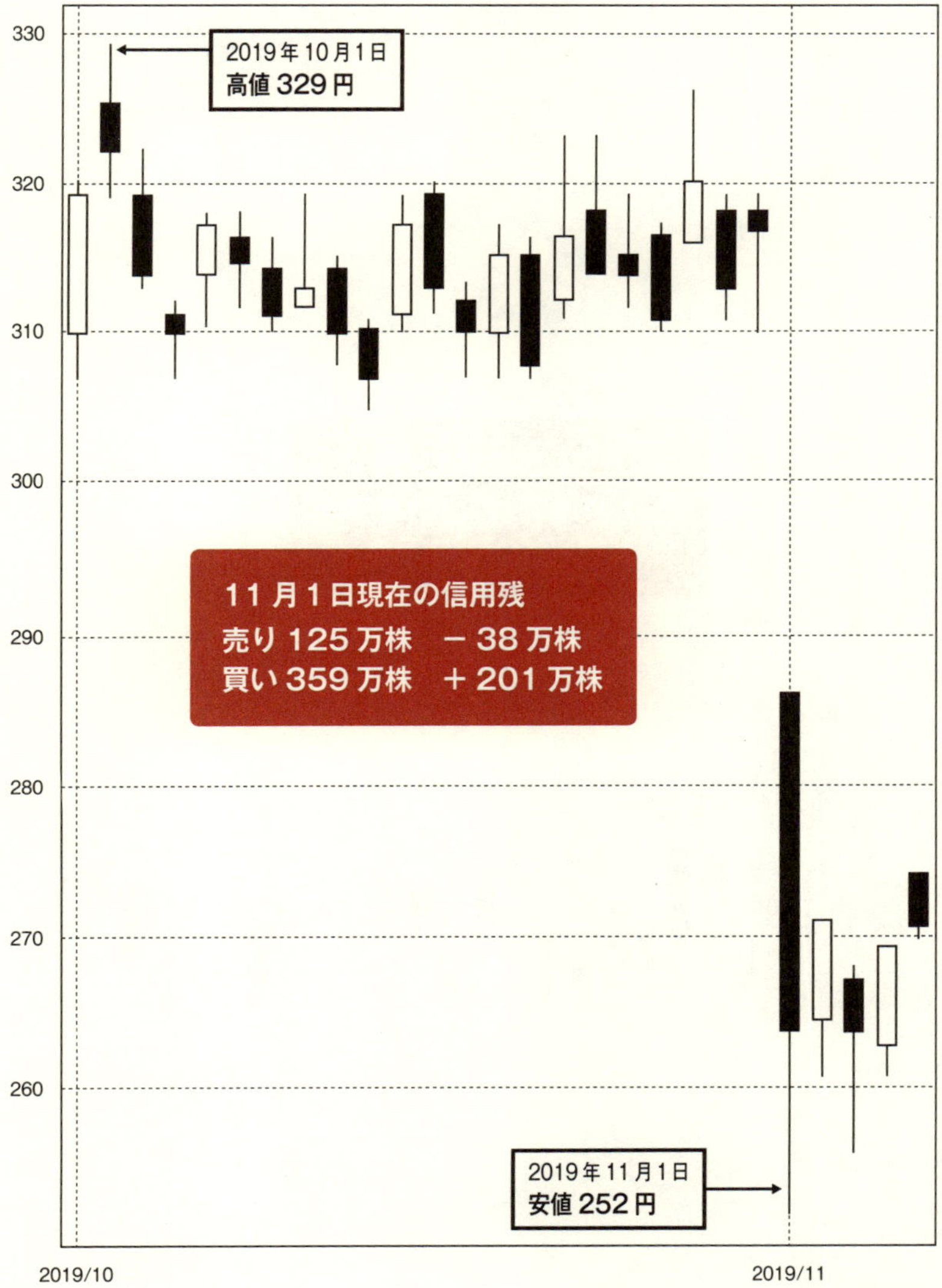

出所：SBI証券より作成

オリンパス（7733）➡日足チャート

信用倍率は 0.21 倍。売りが大幅に買いを上回る状態のときは、買い方に利あり。カラ売りを見送りたいケース。

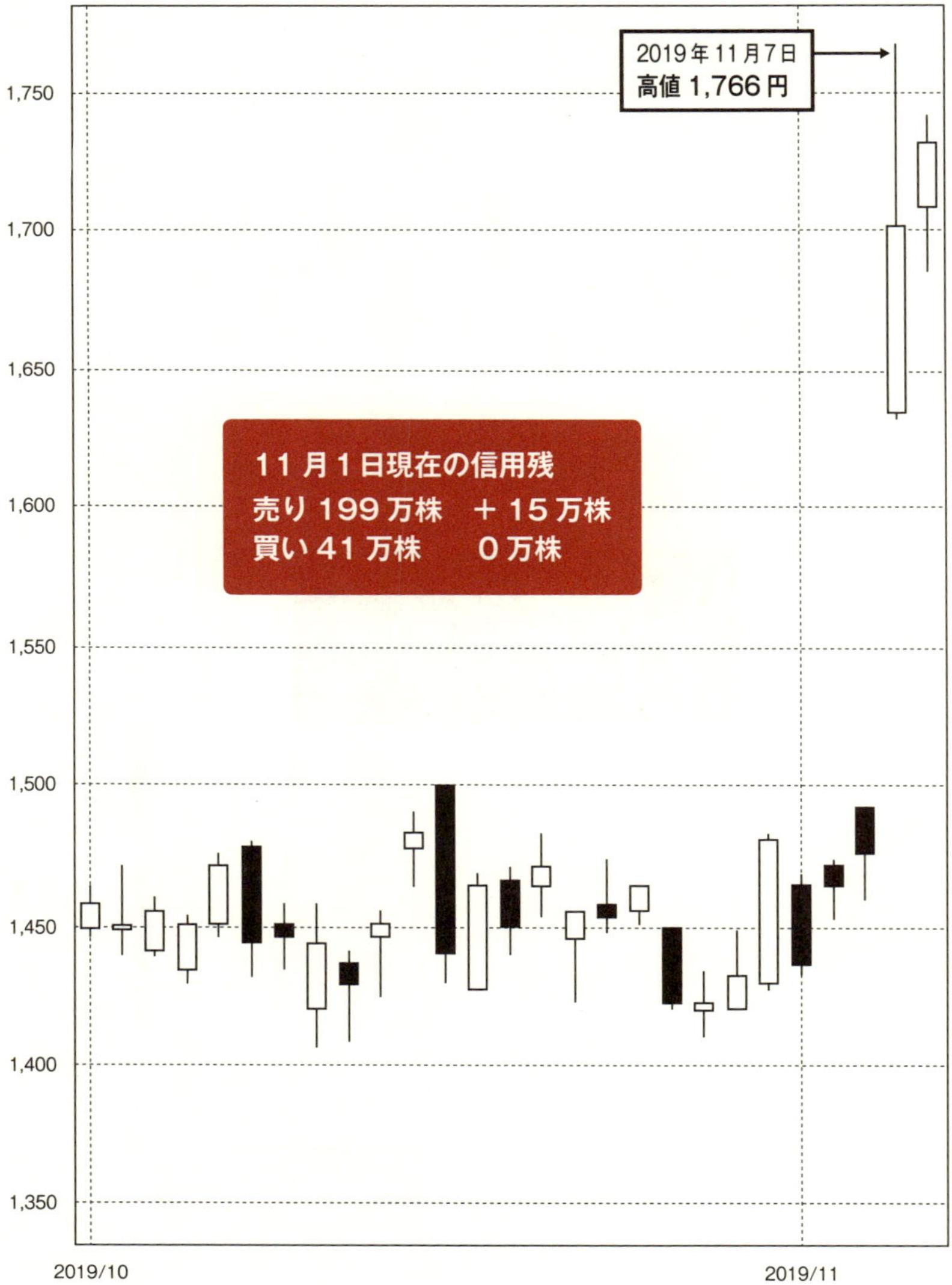

出所：SBI証券より作成

そのほか、信用残の動向を見るうえでのポイントとしては、**一般的な6カ月の信用期日**を考慮しましょう。

たとえば、株価が天井形成して信用買い残がピークをつけたとき、天井から6カ月以内にそれらが整理、つまり株価が下落したままなら、投げ売りが出て株価が上がりにくくなることが想定できます。反対に6カ月を経過すると、信用買い残の整理が完了しているため、需給面ではスッキリした状態。上がりやすくなると読むことができます。

さらに、カラ売りについては、現渡しがあることを忘れてはなりません。

決算期末などの前に信用売り残が急激にふくらむことがありますが、そうした場合、純粋なつなぎ売りということが少なくありません。この時期に限らず、株価が上がってもいない、あるいは商いがそれほどできていないのに売り残が急減した場合、機関投資家や一般企業がつなぎ売りをしていたと見て間違いないでしょう。

なお、個別銘柄の信用残の統計は、東証が毎週水曜日（月～水に休日が入る場合、その日数分、後日にずれる）の大引け後に、その前週の分を公表します。

ただし、信用取引が過熱して取引所から保証金率の引き上げ（場合によっては、カラ売り禁止といった措置も出される）など規制がかかった銘柄は、毎日大引け後に前日のデータが公表（こうした銘柄を日々公表銘柄と呼ぶ）されます。いずれも東京証券取引所のホームページで発表された数値を毎回確認してください。

一方、株を証券会社などに貸す日証金（日本証券金融）が貸借取引銘柄の状況について示す「日証金残高」は、毎日公表されます。東証の数値は週1回であるのに対して毎日なので、乱高下するなど急な動きをする銘柄については、こちらをマメにチェックしたほうがいいでしょう。

日証金では貸借取引残高とともに品貸料、つまり逆日歩も併せて毎日公表しています。いずれも日証金のホームページで見ることが可能です。エクセルにダウンロードもできるので、カラ売りした、あるいは、これからしようと思っている銘柄について状況を把握しておきたいものです。

第6章

「つなぎ売り」の実践

下の巻 実践編

6-1

「ヘッジ売り」は株売りの王道

カラ売りは、下がると思ったときに、持っていない株を借りて値幅取りによって利益を狙う方法です。

ここまでは投機的な手法を解説してきましたが、カラ売りは投機目的のみに使われるものではありません。

信用取引で買いを活用する場合、本来は投資目的で買おうと思ったのが、その時点で現金が不足しているなどの理由から、とりあえず信用で買って、あとから現引きするヘッジ買いのように、持っている銘柄の値下がりリスクを回避するヘッジ売りで利用されるケースも多いのです。いわば、保険のような手法と言っていいでしょう。むしろ、**ヘッジ売りがカラ売りの王道**と言えるかもしれません。

たとえば、保有している銘柄が、**業績の上方修正**など強力な材料が出た場合、急騰するケースが少なくありません。その時点で利益が出ているときは、本来なら売却しておさらばしてもいいのですが、買ったときに2~3年先の成長を見越して買ったとすれば、今ここで売るのはもったいないような気もしてきます。

通常、株価が業績を織り込むのは、半年先、1年先の利益で、先読みしても確実性がない3年先を織り込むことは、建設やプラントなど工事が長期間にわたって2~3年先の利益が読みやすい受注産業を除けば、ほとんどありません。

発表した上方修正で、いったん半年、1年先の利益を織り込む形で上昇したあと、株価は調整に入り、2~3年先の利益は、その後で改めて織り込むことになるのです。つまり、ここで売ってしまうと、たしかに利益は確定できながらも、将来もっと成長して、今よりも高くなるといった期待を放棄することになるでしょう。

そのため、このケースでは大幅に上昇したときにいったんカラ売りして、調整を待って買い戻して利益を確定。現物は持ったままなので、改めて将来の上昇を狙う形になります。

もちろん、そのまま下がらず2~3年先の利益成長を織り込むケースもあるでしょう。しかし、そもそも現物を持っているので、担がれたままで調整しそうもなくなったら、現渡ししてしまえば、カラ売りした時点までの利益が確定しますし、その後担がれた分については損失が発生することはありません。

上方修正など業績だけではなく、**材料が飛び出したとき**も同じです。

株価が材料を織り込むのは、最初に「理想買い」、のちに「現実買い」と大きく2ステップに分かれます。

理想買いとは、たとえば画期的な新製品を開発した場合、開発段階なので、それがどれくらいの売上規模がわからないうちに、売れるという期待感をベースに買うことです。

一方の現実買いとは、開発した製品が工場のラインなども整い、いよいよ出荷、現実の収益に貢献してくる際に具体的に会社全体の収益に貢献する利益を買っていくことを指します。

相場のリズムとしては、理想買いで株価はひと山形成したあとに調整局面に入り、その後、現実買いとして再び相場になるのです。その理想買いによる上昇が短期間で急騰――そうなったときはカラ売りのチャンス。何度も記してきた通り、「山高ければ谷深し」で、急騰すればするほど、その反動安も大きなものとなり調整も長期化します。

理想買いの段階でカラ売りをして、調整局面で買い戻してカラ売りによる利益を確定。その後、持ち続けている現物をじっくり構えて保有し続け、今度は現実買いによる上昇が訪れるのを待てば良いのです。

業績や材料による株価変動は、理想買いと現実買いという、2回大きな波がきますので、その流れに逆らわず、間の調整局面を利用して、カラ売りでうまく立ち回りましょう。

一方、こうした業績や材料など明らかに上がる理由もなく、需給思惑が先行するなど明確な材料がないまま、突如株価が上昇することがよくあります。

ひと昔前の相場では、仕手筋介入など仕手株が思惑で唐突に値を飛ばすケースが多くありました。

なかには、相場が始まってから株価が最終的に5倍、10倍と大化けするケースもあったものの、短期的な上昇で終わる銘柄が大半で、こうした銘柄はカラ売りの対象として狙いやすかったのです。

大化けした銘柄をカラ売りしてしまったら、とんでもないことになりますが、現物を持っている限り、大きな損害は生じないのは言うまでもありません。

現在では、仕手筋によるこうした相場はほぼなくなりましたが、代わりに、マザーズやジャスダックなどの新興株市場で思惑が先行する銘柄が見受けられます。

これらの銘柄を保有していて、突如急騰した場合、カラ売りの対象となっていれば、ヘッジ売りをしてみるのも一法でしょう。1部市場の銘柄に比べて、上昇、下降ともに一方通行になりますので、カラ売りそのものを行うことはリスキーながら、**いったん値崩れを起こした場合、一気に下落するため、投資効率は抜群**と言えます。

もちろん、大きく担がれた場合は、現渡しで上昇した分の損失を回避できるのは言うまでもありません。

投資目的で保有している銘柄を、タネ玉《ぎょく》（あらかじめ仕込んでおく元手となる株）にしてヘッジ売りで縦横無尽に動き回れば、大きな果実をつかむことが可能になるでしょう。

しかも、読みがはずれて失敗したときのリスクも小さくてすみます。

ヘッジ売りをうまく活用して投資のバリエーションを増やしてください。

下の巻 実践編

6-2

塩漬け株が急騰、さあ、どうする？

ほとんどの投資家は「塩漬け株」を長年にわたって保有していた、もしくは現在も保有し続けている経験があるかと思います。

おそらく、含み損がふくらんでしまい、今さら「損切り」ができず、どうしようもなく、評価損のマイナス金額を見てうんざり、心が折れてしまう――等々、ズルズル引きずってしまったのではないでしょうか。

誰でも、最初から「塩漬け」を目指して投資をすることはありません。「長期目標なので、今は損していても先行き上がればいい」と言う人もいますが、そういう人に限って、株式投資は短期間で儲けるものと思っています。いつの間にか長期投資にすり替わるというのは負けと一緒なんですよね。

さて、株式投資は辛抱が大切という個人投資家がいますが、長年、辛抱を重ねた末、やっとその保有株の株価が上昇、あるいはまだ含み損の状態であっても少しでもマイナス金額が減少——こうしたケースはうれしいものですが、どうすればいいのでしょうか?

以下の方法が考えられます。

①もうちょっと辛抱して、保有し続ける
②少し上がったところで、売却
③買い乗せする

どれも正解かもしれませんが、ちょっと待ってください。

カラ売りを活用してみてはどうでしょう。**投資方法のバリエーションを広げるために、「つなぎ売り」にトライする方法**があります。

感覚的には、前の項に記したヘッジ売りと一緒です。これ以上、戻るのかどうか迷ったときに、つなぎ売りをするのです。そのまま戻ったら、含み損がある場合、現渡しをして損を確定させますが、再び下がった場合は、買い戻せば少し損が取り戻せます。

何もしないで再び下がれば、次はいつ戻るかわかりません。その結果、塩漬け株を抱える日がしばらく続きます。

ここでの考え方としては、カラ売りして買い戻して生じた利益は、その分、自分の買いコストを下げることにほかなりません。

簡単に例を示すと、1000円で買った株が500円に下落、その後800円まで戻ったときにカラ売りし、600円で買い戻したケースでは、カラ売りによる200円の利益が、そのまま1000円で買ったものが800円で買ったことと同じになるのです。

600円から1000円まで上昇するには、かなりのエネルギーを必要としますが、800円までの上昇なら何とか実現しそう、そんなふうに思えないでしょうか。

もちろん、800円からさらに上昇した場合、そこで現渡しをすれば200円の損が確定しますが、上昇しても再び800円以下に下がるまで粘ることもできるのです。とんでもなく上昇した場合は、いくら上がろうが現渡しすれば、新たな損は発生しません。

このように、塩漬け株のカラ売り活用は、買ったコストを下げて、戻りに備える役割を果たします。

そのほか、塩漬け株の有効活用としては信用取引の担保にしたり、貸株サービスを行っています（次ページ参照）。たとえば、ずっと、そのまま塩付け株にしておくのであれば、ほかの投資家にその株を貸すことも可能（無料というわけにはいきませんので、借りた投

貸株サービスで「塩漬け株」を有効利用

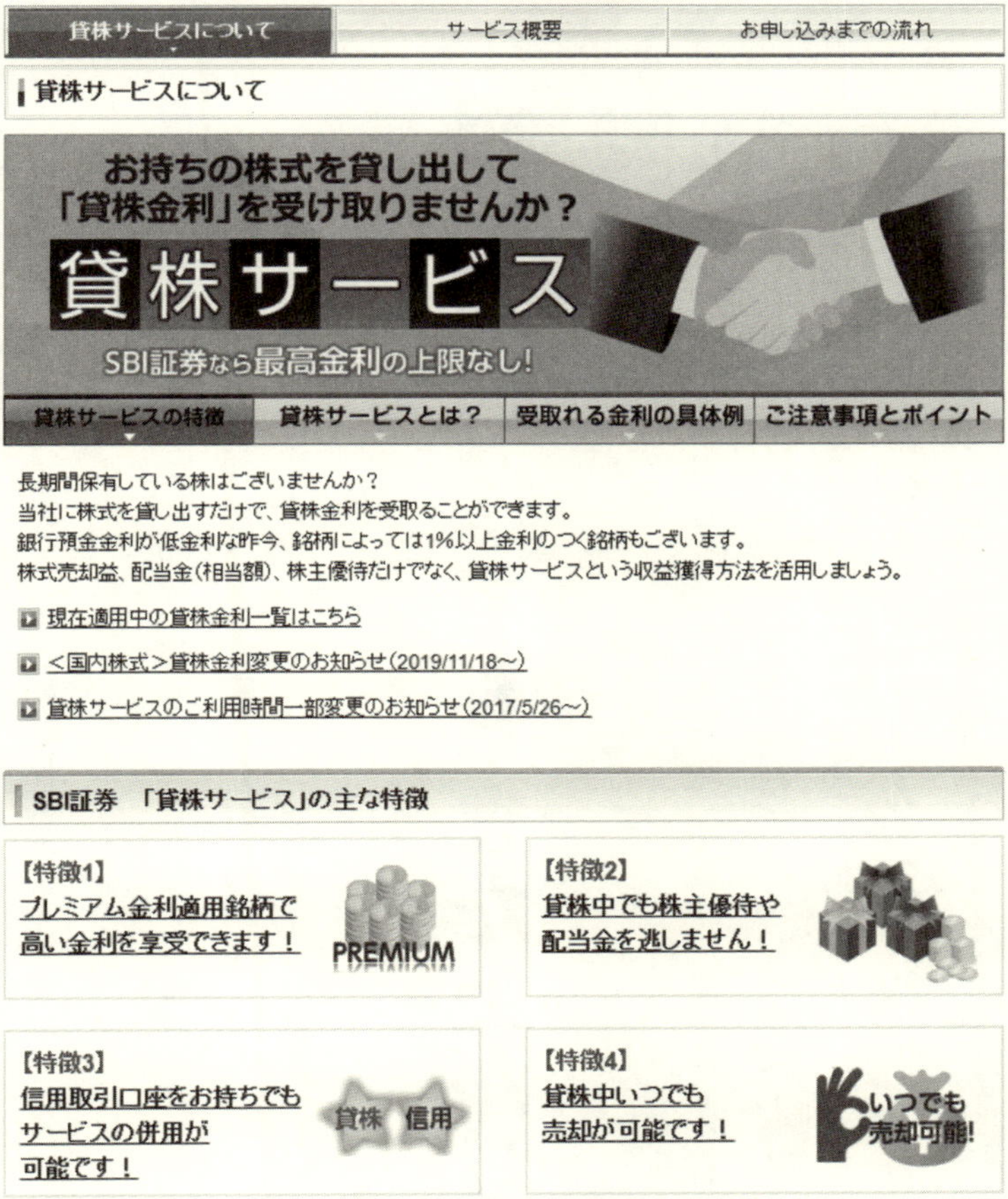
貸株サービスについて
サービス概要
お申し込みまでの流れ
貸株サービスについて
お持ちの株式を貸し出して
「貸株金利」を受け取りませんか？
貸株サービス
SBI証券なら最高金利の上限なし！
貸株サービスの特徴
貸株サービスとは？
受取れる金利の具体例
ご注意事項とポイント
長期間保有している株はございませんか？
当社に株式を貸し出すだけで、貸株金利を受取ることができます。
銀行預金金利が低金利な昨今、銘柄によっては1%以上金利のつく銘柄もございます。
株式売却益、配当金（相当額）、株主優待だけでなく、貸株サービスという収益獲得方法を活用しましょう。
現在適用中の貸株金利一覧はこちら
<国内株式>貸株金利変更のお知らせ（2019/11/18〜）
貸株サービスのご利用時間一部変更のお知らせ（2017/5/26〜）
SBI証券　「貸株サービス」の主な特徴
【特徴1】
プレミアム金利適用銘柄で
高い金利を享受できます！
PREMIUM
【特徴2】
貸株中でも株主優待や
配当金を逃しません！
【特徴3】
信用取引口座をお持ちでも
サービスの併用が
可能です！
貸株
信用
【特徴4】
貸株中いつでも
売却が可能です！
いつでも
売却可能!

貸株サービスとは？

ほかの投資家に保有している株を貸すことのできるサービス。塩漬け株にしたままなら他人に貸して金利を得ることができます。貸株の金利については上図の「現在適用中の貸株金利一覧はこちら」から見ることができます（ログイン必要）。

出所：SBI 証券

資家は、そのお礼＝金利を支払う）なのです。

ちなみにSBI証券では、上場銘柄を原則的に全銘柄フォローしています（ただし、金利は銘柄によって違います。たとえば、東証1部の発行済み株数が多い銘柄より、新興市場で発行済み株数が少ない銘柄のほうは金利が高い。金利は10％〜0・1％）。

塩漬け株で10％の金利がつくのはうれしいものです。

下の巻 実践編
6-3

相場が過熱、でも、まだ上がりそう

保有している銘柄が思わぬところで急騰。それが塩漬け株で、買い値まで戻ったとすれば、これほどうれしく、またホッとひと息つくことはないでしょう。

このときに、欲張らないことが重要ですが、何かをきっかけに急騰した場合は、業績などのファンダメンタルズはもちろん、何しろ人気が過熱しているのでチャート理論も通用しません。テクニカル的には「行き過ぎ」と言われ、「理外の理」といった状況になるのです。

業績もチャートも当てにならない——こうしたときは、何をよりどころにして「売り場」を判断すればいいのでしょうか？

新聞やネットの情報ベンダーの記事を読むと、急騰した銘柄について書いてあるのは「商いを伴って上昇」のひと言。そうです。上昇する場合、あるいは下落する場合、ポイントになるのは**「商い」「出来高」や「売買代金」**を見ればわかるのです。

「相場が過熱」という表現も、値上がり幅のことだけを指すわけではありません。大事なのは、商いを伴っているかどうか。薄商いの中を急騰することも少なくないですが、そうした場合、注文が薄いのでストンと値を消す場合が多いのです。

では、そういうときに売ればいい——そう思っても、買いが入らないと売れないわけですから思うように売れません。つまり、自分が注文を出すことを考えても、商いの多い少ないは重要なポイントとなると言っていいのです。相場が過熱というのは、人気が集中して商いを伴っていることを指します。

いったん、過熱すると、その高値圏で商いがふくらむ、つまり買いがたくさん入るため、下がったあとには損を抱えた投資家が高値に残されることになります。まさに、はしごをはずされた状態になると言っていいでしょう。そうした銘柄は、いったん下がると、ヤレヤレの売りが出てくるために、戻るのは容易ではありません。

つまり、過熱した銘柄はカラ売りのチャンス、または、塩漬け株など保有している銘柄については、逃げ場になるのです。

さて、本題に戻りますと、人気が過熱した銘柄はどこかで潮目がきます。そこをうまく見極めることができれば、売りで失敗することはありません。その目安になるのが**商いのふくらみ具合**です。

上昇している最中に、商いがふくらんでいる（過去5日間、25日間など出来高や売買代金の平均値で比較してみる）場合、まず、下げに転じることはありません。そうしたときは売り場ではないのです。

ところが、上がっているのにもかかわらず、商いが細ってきた——これは買いエネルギーが弱まってきた証拠で、そうなるとやがて株価の伸びが止まり、下げに転じることが大半。つまり、商いが細ってきたと明らかに感じられるようになってきたら、そのときは売り場になります。

その判断は、出来高や売買代金の移動平均値で見れば一目瞭然《いちもくりょうぜん》なので、これらを活用してタイミングを探るようにしましょう。

「売り時」は、プロの投資家でも難しいと口々に言っていますが、値動きよりも商いをじっくり観察すれば、見通しを大きくはずすことはありません。

できれば、「買い」であれば一番高いところで売って儲けたい。「売り」であれば、一番安いところで買い戻して、儲けたい――。
人間は欲の皮の突っ張った生き物なので仕方ありませんが、冷静に対処したいもの。つなぎ売りをうまく活用できるかどうかは、欲との戦いになるかもしれませんね。

下の巻 実践編
6-4

「もうはまだ、まだはもう」の相場格言（チャートで冷静に判断）

売り時、買い時の判断は難しいものです。これがわかれば苦労しません。「ここが売り時」と思ったら、そこから大きく上昇、反対に「ここが買い場」と思ったら一段安に、というのはよくある話です。

それを最もよく表わしたのが、相場格言の**「もうはまだなり、まだはもうなり」**で、これは江戸時代、米相場が活発化していたときから数百年の間、言われ続けてきました。現代でも通用する格言であるのは言うまでもありません。

これは戒めの格言であり「底だと思えるようなときは、まだ下値があるのではと考えなさい。反対に、まだ下がると思えるときは底かもしれないと考えなさい」といった意味で、下げだけではなく上げでも使います。

相場というのは、多くの人の見方から形成されるもの。売りと買いが一致したところで価格が決まりますが、自分の見方通りになるとは限りません。売りたい人、買いたい人――自分以外の投資家がどう考えるかが最も重要で、独善的な考えで臨むと失敗することが多いのが株の世界なのです。常に、**本当に今が売り時なのか、買い時なのか**を立ち止まって考えるようにしましょう。

とにかく、「ここで売りたい」「買い戻したい」と、いずれか思ったときは一度冷静に考えるべきです。

自分自身の〝勘〟も大事でしょう。第六感などをまったく否定するつもりはありません。ですが、運に頼った売買は、当たっているときは当たり続けますが、いったん流れが悪くなるとはずれ続けるということもあります。

せめて、チャートを活用して、そのときの株価が過去との比較でどうかを判断基準とし、さらに、現在の企業価値と比べて割安か割高かくらいはチェックするようにしましょう。

さて、「つなぎ売り」をする場合、カラ売りをするタイミングについて考えてみます。

この場合、利益が出ている、損失が発生しているなど、自分の都合を判断基準にしてはなりません。それこそ「まだはもう」の世界に陥ってしまうリスクが高くなります。

過去に私がアドバイスした投資家のなかで、相当な眼力の持ち主がいました。テクニカル、業績のいずれの分析にも長《た》け、常に客観的に株価を判断し、「この銘柄は底」と言えばほぼ底値、「これ以上、上がらない」と言えばほぼ天井。「こんなに銘柄を見る目があるのなら、私のアドバイスなんかいらないじゃない」と思ったほどです。

ところが、この方、たしかに買うときは底値でドンピシャでしたが、いったん保有すると、「『売り』と言うはず」と思う水準まで上がっても売りません。買ったとき、「このくらいまで上がったら利食いますよ」と言っておきながら、その水準に達しても売りそびれて〝いってこい〟に……。

「なぜ、あのとき売らなかったのですか?」と聞いたら、「いやぁ、自分で持つとね。〝まだ上がる〟とつい思っちゃうんだよ。だから、今度は売り場と思ったときに、ボクの背中を押して、売るようにアドバイスしてください」と答えました。

そう、名人であっても欲を出したらおしまいです。常に、冷静に見ることが大切です。その方法として、やはりチャートをもとに客観的に株価を見る必要があります。

以下に、その拠《よ》り所《どころ》になる基準を示してみました。

◐高値を更新、安値を更新

年初来高値、安値に限らず、チャート上で目安となる高値、安値を更新したときは相場のポイントになるので、そこが攻防の分岐点になることが少なくありません。

高値を更新すれば、さらなる上値に、反対に安値を更新すれば、下値に進むことが多く、高値更新の際のカラ売りは見送り、安値を更新すれば買い戻すのを待ちましょう。トレンドラインも同じ解釈です。

逆に、高値や上値のトレンドラインに届かずに下押し、または届いても、すぐに下がるようならカラ売りの絶好のチャンス。反対に安値で下げ止まったときは買い戻しのチャンスになります。

◐移動平均線から大幅にかい離

移動平均線には、ごく目先の短期間のトレンドを探る5日線、中期的なトレンドを探る25日線や75日線、長期的なトレンドを探る200日線が主なものです。

このうち5日線は期間が短い分、イレギュラー的な動きに対処できずに信頼感が乏しく、75日線、200日線は期間が長いために短期勝負であるカラ売りのツールに向きません。

ここでは、25日線からどれくらい、上方、下方から離れて上昇、または下落したかで判断します。10％以上も離れる（かい離）ようであれば、上げ、下げともにいき過ぎ。やがて修正がくるため、上方ではカラ売り、下方では買い戻しの場面となりそうです。

◐ローソク足のヒゲが長い

日々のローソク足で、長い上ヒゲや下ヒゲを引いたときは要注意です。長い上ヒゲは、上値が重いことを示しており、下げに転じるサインになる可能性が高くなります。

反対に、急落相場のときに引く下ヒゲは、下値で買い勢力が強まったことを示すため、下げ続けていた銘柄であれば底入れとなるケースが多いのです。

上値の長いヒゲは売り、下値の長いヒゲは買い――単純にそう記憶しておくだけで、投資の成績は上がると思います。

以上、チャートのポイントに関して解説しましたが、ここに挙げたのはごく基本のものばかり。冷静に相場を見るために、チャートをしっかり学んでおきましょう。そうすることで、「まだはもう、もうはまだ」の症候群から脱皮できるでしょう。

第7章

「株主優待」とカラ売り

下の巻 実践編

7-1

株主優待にカラ売り活用のテクニック

株で儲ける方法は、キャピタルゲイン（＝売却益）とインカムゲイン（＝配当と株主優待）の2つがあるのはご存じかと思います。バブルの時代は、ほぼ株の儲けはキャピタルゲインと言える状態でした。以前の日本企業は株主軽視の傾向が強く、配当が著しく低かった一方で、株価が面白いように上がったためです。

ところが、外国人投資家が日本の株式市場でメインプレーヤーになるにつれ、モノ言う株主が増加。企業は株主に向き合うようになり、株主に利益を配分する配当金も手厚く出すようになりました。一時は死語と化していた「配当利回り」も、今では立派な投資する際の指標として通用するようになっています。

他方、株主優待ですが、配当金を出し渋っていたのに対し、古くから優待制度に力を入れる企業が少なくありませんでした。配当金は利益の配分ですが、株主優待は投資家に対するお礼、会計上はコストとして反映されるため、正確には〝儲け〟と言うことはできないかもしれません。ですが、タダでもらえて経済的にも役に立つことを考えると、儲けと言っていいでしょう。

よほど業績が悪化しない限り、投資家に向き合うために継続する企業が多く、なかにはとても値打ちがあり、利回りに換算すると、大変お得な優待制度もあります。そうしたことから、優待目当てに株式投資を行う人が少なくありません。

自転車に乗って株主優待券を使いまくる、元将棋棋士で投資家の桐谷広人さんが、株主優待を活用したハッピーライフをテレビや雑誌で紹介したことも、優待狙いの買いを活発化させた背景にあると思います。

さて、株主優待ですが、どうすればもらえるかというと、決算期日（上半期と通期の最終日、あるいは通期の最終日）に株主名簿に記載された投資家に贈られます。たとえば、3月期決算の企業であれば、3月31日現在で株主になっていなければなりません。年２回優待を実施している企業であれば、これに9月30日が加わります。つまり、それまでに株主になっていればいいわけです。

その権利が確定するのは、3営業日前。配当金も同じで、これを株式市場では**「権利付き最終日」**と言います。「どうしても、あの株主優待が欲しい」と思いながら、権利付き最終日の翌日に買うと、年２回実施企業なら半年間、年１回実施企業であれば１年間待たなければなりません。

そうしたことから、株主優待を狙った投資家が多く、権利付き最終日当日はもちろん、その直前に株価が上昇する銘柄があります。優待だけを狙う投資家とすれば、権利だけ取って、翌日の権利落ち日（配当金については、株価に反映するため、その分、株価が安くなるので、それを権利落ちという）におさらばすれば目標は達成。なので、とりあえず直前に買って、株主優待の権利をゲットしてすぐに売る投資家が多く、その前後で株価は上下に振れやすくなります。

さて最近では、権利付き最終日近辺に株価が高値をつけて、権利落ち日からさっぱり株価が戻ってこない銘柄が少なくありません。割り切って優待を狙うだけなら別ですが、どんなに株主優待が欲しいからと言って、買った株価より安く、長期で保有しても買値に戻らないのでは企業に投資をする意味がなくなってしまいます。

そうした場合、なるべく損をせずに株主優待をゲットできるテクニックがあるのです。最近、流行《はや》っている投資法もあります。それらを含め、株主優待にとても便利なものを以下に紹介してみましょう。

◐どんな株主優待があるか調べる

株主優待ですぐに思い浮かぶのは、航空券の優待割引券ではないでしょうか。ＪＡＬ、ＡＮＡの優待は以前からあり、飛行機を利用する人にとっては、正規の料金に比べて格安で搭乗することができるので、株にあまり興味がない、詳しくない人でも、この2社だけは優待目的で投資し、何年も保有し続ける人が少なくありません。たくさんの銘柄を保有している投資家でも、自身のポートフォリオにこの2社を加える人もいます。

さて、まずはどんな優待があるか確認してみましょう。

調べる方法としては、いくつかありますが、株主優待検索という便利なサイトがあるので利用してはいかがでしょうか？（次ページ参照）

優待の内容を、食料・飲食券、交通、旅行、宿泊、趣味、娯楽、日用品、家電、ファッション、スポーツ、女性向け、継続保有特典、おもしろ優待など、項目ごとにチェックできるので、まずは自分の好みにあったものを調べてみましょう。

そのほか、いつ買えばいいのかといった「優待権利確定月」、売買テクニックとして「つなぎ売り」、自分の好みを反映させる「こだわり条件」などで検索できます。

◐株主優待をタダ取り狙い

株主優待は、直前に狙った銘柄を買って、権利を取ったあとにすぐに売ることも可能で、「1日だけ持てばいいのだから、手数料をちょっと払う程度で優待と配当金の分が丸儲けできる」と思っている人が多いかもしれません。

株主優待検索サイトで、どんな優待があるかチェック

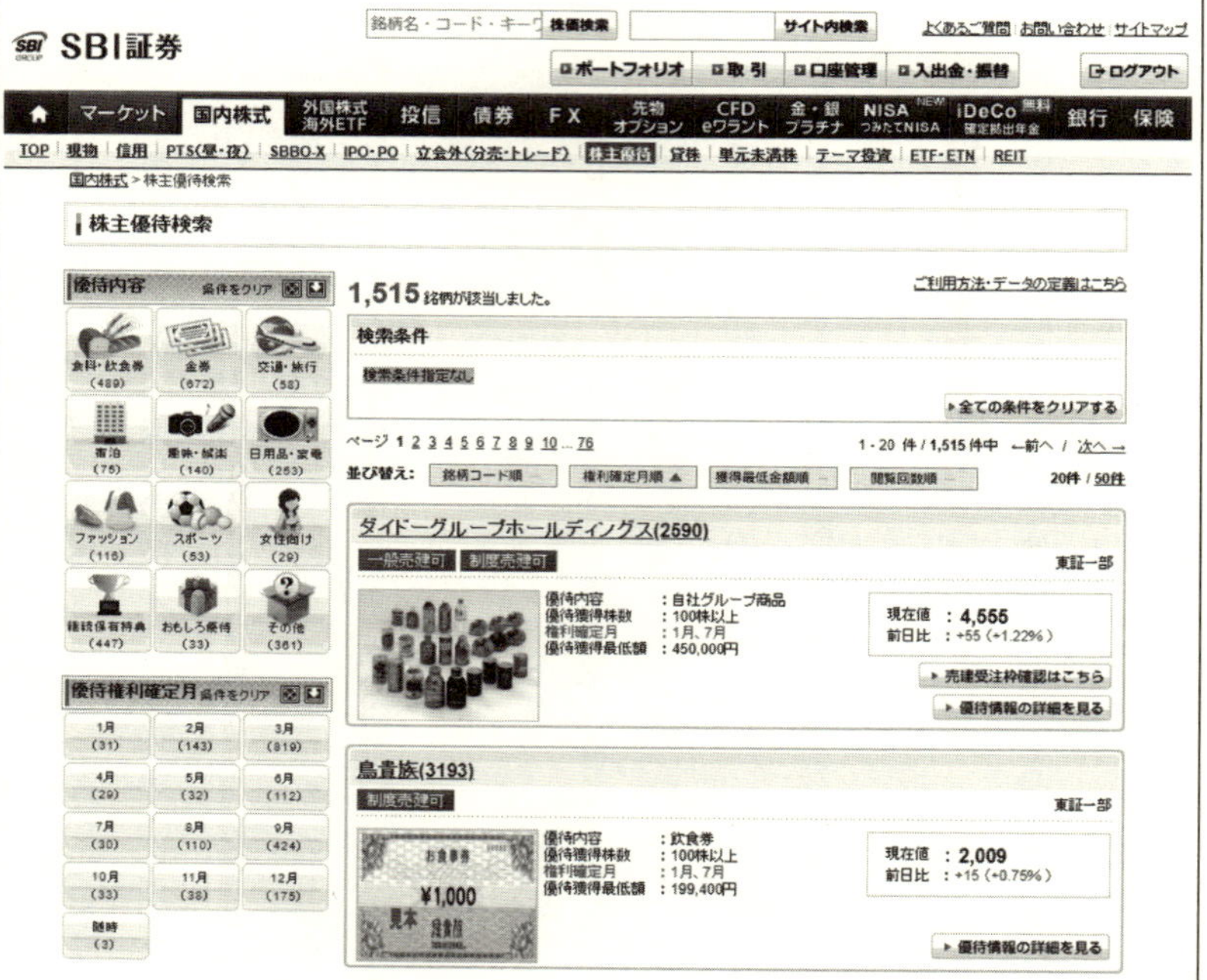

検索で絞り込みも

検索サイトを使って、「優待内容」「優待権利確定月」「つなぎ売り」「優待獲得に必要な金額」、大型優良株やPER平均以下などの「こだわり条件」など様々な条件で検索することができます。

出所：SBI証券

しかし、株は生き物みたいなもので、わずか1日で何があるかわからないものです。権利が確定する翌日に上がれば、値上がり益も合わせてゲットできるので言うことがないのですが、まず、そういった〝おいしい話〟はほとんどないと言っていいでしょう。

冷静に考えてみれば、同じ考えで投資する人はたくさんいるわけですから、権利を取ったあとの売りが集中しやすいため、株価が下がる可能性が極めて高いのです。実際には、優待だけを狙うというのはリスクが大きいと言えるかもしれません。権利を取った翌日に大きく下がり、〝高い優待券〟になってしまったという話をよく聞きます。

そこで、活用したいのが、**「現物取引の買い」と「信用の売り」を同時に注文する方法**です。たとえ、株価が下落しても、リスクを最小限に抑えて、株主優待をゲットすることが可能なこの方法。コツさえつかめば、ラクラク簡単。ちょっとお得な優待ライフをしてみませんか？

具体的な方法について説明しましょう。権利付き最終売買日の寄り付き前までに注文を出すのは、普通に優待の権利を狙うのと同じですが、ここでは**「現物買いの注文」と、「一般信用売りの注文」の売りを「成行き」で同時に注文を出す**と、現物の買いと信用の売り注文が同じ価格で約定するので、計算上は損益がゼロ円になります。

それは当然ですよね。1000円で買った株が1000円上昇すれば、100円利益が出る一方、この方法ではカラ売りで注文した分は100円担がれるので、現物を買って生じた利益と、カラ売りで発生した損失が相殺されます。

値上がり益のみを追求して、こんな取引を行った場合、何の意味もありません。むしろ、きわめて安い金額ながら手数料分だけ損をしてしまいますよね。

ところが、初めの目的が株主優待にあるのなら、この取引の意味が大きいことが理解できるでしょう。事実上、株価変動のリスクがなくなるため、権利を確定したあとに買った株を現渡しすれば、株主優待がただ取りになり、しかも配当金も同時にゲットすることができます。

ただし、最初に注文する際には、「同一株数」「同一執行条件（または同じ効果となる指値）」で発注してください。買いは2000株なのに1000株しか売らなかった（売れなかった）では効果が半減してしまいますので注意が必要です。それだけ気をつければ、それほど難しいテクニックではありません。

株主優待の「つなぎ売り」をマスター

『つなぎ売り』をマスターして、株主優待を「お得に」活用しよう！

皆さん、株主優待は活用していますか？

昨今のブームもあり、株主優待を利用されている方も多いと思いますが、せっかく優待を貰ったのに、株価が下落してしまい、結果、損してしまったなんてことも。

株主優待を受取りつつ、価格変動リスクをしっかり軽減しましょう！今回は、株主優待の基本テクニックである『つなぎ売り』をご紹介！これをマスターすれば、あなたも明日から株主優待名人かも！？

動画で解説！初めてのつなぎ売り！

株主優待を低リスクで獲得できる「つなぎ売り」に関して、動画で分かりやすく説明します！

セミナー動画はこちら

『つなぎ売りガイド』をご覧になるには、下記画像内の「つなぎ売りガイドを早速チェック」ボタンをクリック！

- 同日の 15 時まで継続保有すれば、株主優待の権利をゲット。
- 権利付き最終日の寄り付き前につなぎ売りをして、お目当ての株を保有。そして、取引終了時間を超えて株式を保有していれば、株主優待をゲットできます。
- 権利付き最終日の翌日（＝権利落ち日）以降に「現渡し」で返済して、つなぎ売りの取引を終了させます。現渡しで返済すれば、現物売却手数料と信用返済手数料がかからずに、最小のコストでリスクを軽減することができます。

出所：SBI 証券

下の巻 実践編

7-2

「権利落ち日」に注目

株主優待に関するカラ売りの方法は、単に優待を狙うのみならず、**「優待＋値下がり」と両方を狙う**ほかに、優待狙いの思惑に目をつけて**「値下がり」のみを狙う**など、いろいろなバリエーションがあります。

これらに共通するのは、いずれも短期決戦が基本であること。まずは、具体的なテクニックを考える前に、短期売りを活用した「つなぎ売り」について考えてみましょう。ここでは、２つある制度のうち、一般信用取引を利用します。

一般信用短期売りは、株主優待を獲得する手法である「つなぎ売り」をする際に有効な売買方法です。たとえば、ＳＢＩ証券では、従来の5営業日から15営業日へと延長されたことにより、どこよりも早く「つなぎ売り」ができるようになりました（次ページ参照）。

そもそも短期売りとは、返済期限が15営業日で、一般信用取引の新規売りができるサービスです。これを活用すれば、優待狙いで最も注意しなければならない権利落ち日の前後、数日で効率良く取引することができます。

つなぎ売りの「一般信用短期売り」は、権利落ち日に注意

つなぎ売りカレンダー

2019年11月

日	月	火	水	木	金	土
					1	2
3	4	5	6	7	8	9
10	11	12	13	14	15	16
17	18	19	20	21	22	23
24	25	26	27	28	29	30

つなぎ売り期間スタート（8日）

つなぎ売り期間最終日（権利付最終日）（27日）

現渡実行日（権利落ち日）（28日）

※11月末権利付銘柄のスケジュールになります。

一般信用短期売り2019年カレンダー（予定）

月	権利付最終日	権利落ち日	新規建可能日	現渡可能日 ※
1月	1月28日（月）	1月29日（火）	1月8日（火）	1月29日（火）〜15:30
2月	2月25日（月）	2月26日（火）	2月5日（火）	2月26日（火）〜15:30
3月	3月26日（火）	3月27日（水）	3月6日（水）	3月27日（水）〜15:30
4月	4月23日（火）	4月24日（水）	4月4日（木）	4月24日（水）〜15:30
5月	5月28日（火）	5月29日（水）	5月9日（木）	5月29日（水）〜15:30
6月	6月25日（火）	6月26日（水）	6月6日（木）	6月26日（水）〜15:30
7月	7月29日（月）	7月30日（火）	7月9日（火）	7月30日（火）〜15:30
8月	8月28日（水）	8月29日（木）	8月8日（木）	8月29日（木）〜15:30
9月	9月26日（木）	9月27日（金）	9月5日（木）	9月27日（金）〜15:30
10月	10月29日（火）	10月30日（水）	10月8日（火）	10月30日（水）〜15:30
11月	11月27日（水）	11月28日（木）	11月8日（金）	11月28日（木）〜15:30
12月	12月26日（木）	12月27日（金）	12月9日（月）	12月27日（金）〜15:30

出所：SBI 証券

さて、ここでもう一度、権利落ち日についておさらいしてみましょう。

まず「権利確定日」ですが、これは企業が決算の締めにする日と同じで、たいていは月末です。しかし、企業によっては、締めの日を15日や20日に定めているケースがあるので、それぞれの確定日から逆算して注文を出さないと、優待の権利を受けることができません。狙った会社について、各社のホームページなどで念のため「権利確定日」を確認しましょう。

ちなみに、確定日に株主になっていると、配当金や株主優待をゲットするのみならず、株主名簿に記載され、株主総会にも出席することができるのです。株を買ったら株主――それは事実なのですが、制度上では確定日に保有した人こそ、真の株主であると言っていいでしょう。

繰り返しになりますが、権利確定日を含めて3営業日前までに買っておかないと配当金や株主優待はもらえません。ここは最も重要な点なので、しつこいくらいに記しておきます（次ページ参照）。

権利落ち日には、見た目の株価は下がった格好になりますが、配当金や株主優待などには影響ありません。

また、よくあるケースですが、権利落ち日以降は売る人が多くなる傾向がありますので、それらの売り注文によって株価が下落しやすくなります。そのため、**権利落ち日前に換金**

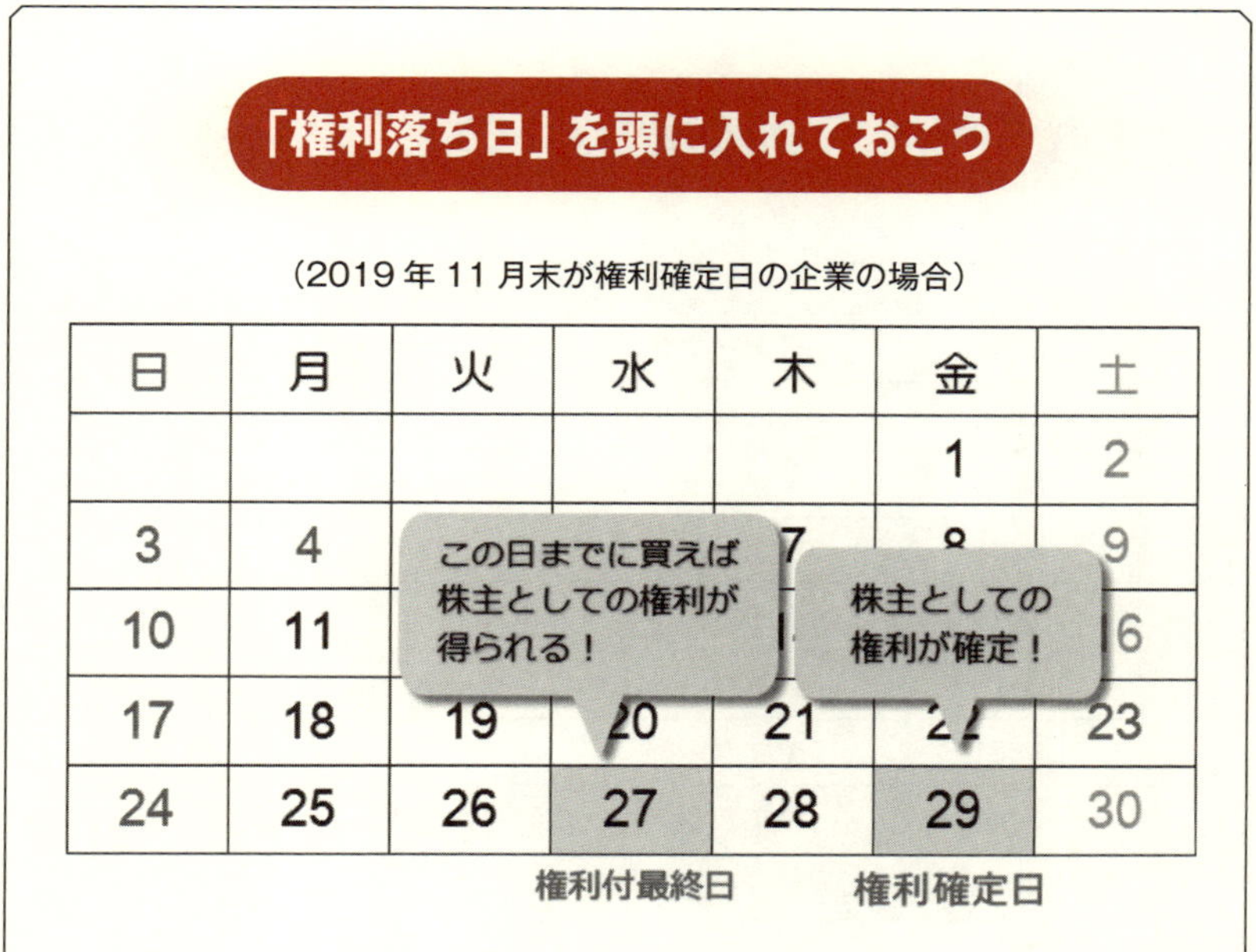

出所：SBI証券

売りをしようと思った場合において、「つなぎ売り」は有効な方法となります。

もっとも、株主優待の権利をゲットしても、あの株主は優待券が多いのに私は1枚だけと、株主によって差別があるように見えるのはよくある話。最近では、長く株主になってもらうために、企業側も長期保有すると特典がつく、あるいは厚めの優待（一見さんのような株主と差をつける）をするところも少なくありません。

さて、話を「つなぎ売り」に戻しますが、優待銘柄を買ったけど、権利を得た途端に値下がり……という場合がよくあります。こうしたリスクを株主優待を受け取りながら軽減したいという方にお勧めなのが、株主優待の基本テクニックである「つなぎ売り」になります。

さらに、権利落ち日という特殊な時期を狙っ

「つなぎ売り」の人気銘柄ランキング

No.	銘柄コード	銘柄名
1	2702	日本マクドナルドホールディングス
2	9202	ＡＮＡホールディングス
3	8905	イオンモール
4	9201	日本航空
5	7649	スギホールディングス
6	8425	興銀リース
7	9831	ヤマダ電機
8	3141	ウエルシアホールディングス
9	3048	ビックカメラ
10	7239	タチエス

出所：SBI証券

て、優待とは関係なしにカラ売りするのも1つのテクニックになりますので、中間期末、期末が近づいたら、優待狙いが多い銘柄などを短期的な値下がり狙いでマークするのも一法となるでしょう。

◐「つなぎ売り」をするなら？

「制度信用」と「一般信用」のどちらがお得か？

⬅ 一般信用取引（逆日歩がつかないので）でやるのがお勧めです。

◐（繰り返しますが）そもそも「信用取引」って何？

「あなたを信用してもらって、お金や株券を借りて持っている資金以上の株式投資をすること」
➡ あなたの資金や株式などを担保にして、証券会社からお金や株券を借りて取引することです。「つなぎ売り」は現物を持っているので、この場合のカラ売りは、保険のようなものだと受け止めておきましょう。

下の巻 実践編
7-3
株主優待の一覧

売買テクニックの話から少し離れて、株主優待にどんなものがあるのでしょうか。

170~172ページでも紹介した株主優待検索サイトを見てみると、いろいろなものがあることがわかります。航空会社や鉄道会社の優待割引券から、小売業は自社の商品券など様々。やはり日本人ということで、お米という企業も少なくありません。

このほか、消費者向けの製品を製造しているメーカーでは、自社製品の詰め合わせというのが一般的です。これは、株主に対するお礼というだけではなく、製品のPRも兼ねているようです。

消費者とまったく縁がない企業では、最近であれば「Ｑｕｏカード」を配る例が目立ちます。これなどは金券ですし、たとえば、小売業では自宅の周辺にお店がないと不便ですので、宝の持ち腐れということになりかねず、そういった意味で、全国で使えるＱｕｏカードはどんな投資家にとってもありがたいかもしれません（次ページ参照）。

ここで注意したいのは、自分が使えるかどうかということ。ただでもらえるものなので、もらって損はないですが、優待狙いの場合、**まず自分が使えるかどうか**を確認したほうがいいでしょう。

さらに、企業のなかには、先述したように長い期間保有している株主――と条件をつけているところも少なくありません。保有株数によって、内容が変わるのは当然としても、最近では保有している期間（基準となるのは、権利確定が何回目かになります）も重視するので、特に短期間でゲットしようと考えている方はそうした条件にも注意する必要があります。

こうした条件をクリアしたら、あとは**優待の内容を利回り換算**してみましょう。

たとえば、10万円の投資額で1万円の商品券という優待であれば、実質的に1割も利益が生じたのと同じになるので狙い目が大きいでしょう。

あとは、内容が自分に合うかどうかです。たとえば、映画会社、興行会社の優待は厚め

株主優待は自分に必要かどうか考えよう

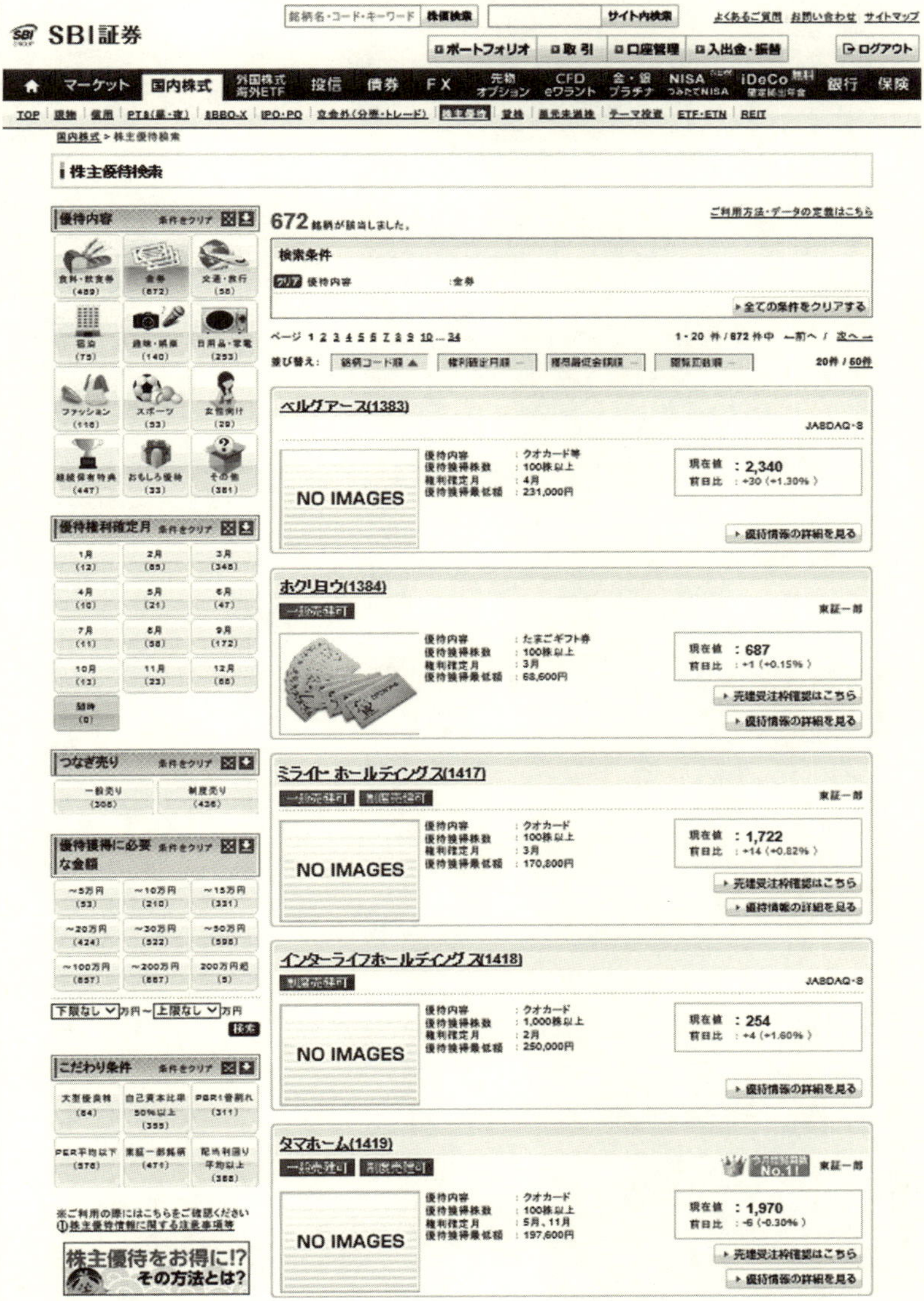

出所：SBI証券

の企業が多いのですが、「映画なんか、話題作であっても、まったく観ない！」という人にとっては、たとえ厚い優待制度であっても価値がありません。そのあたりもよく考えて狙うのが良いと思います。

第8章

裏ワザで利益を上げる!!

下の巻 実践編

8-1

ETFをカラ売りすると?

最終章に、ちょっとしたカラ売りの裏ワザを解説しましょう。それはETFのカラ売りです。主なETFには以下のようなものがあります。

日経平均株価が上昇すれば、上昇した分利益が出る

↓

「日経平均レバレッジ・インデックス連動型上場投信ETF=日経レバ」(1570)

「日経平均レバレッジETF(=日経レバ)」は、市場での売買代金もかなり多く、ランキング上位に載るなど、よく知られている銘柄で、個人投資家が保有していることも多いETFです。

レバレッジとあるように、日経平均株価の通常の価格よりも大きく変動するのが特徴。日経平均の変動率に対して2倍になるように設計されています。上がれば2倍儲かるので

妙味が大きいと言えるでしょう。

しかし、この「日経平均レバレッジETF」だけを運用していると、日経平均株価が上昇する、右肩上がりのトレンドのときのみしか利益を出すことができないということになります。それでは、相場すべてに対応することができません。

そこで利用したいのは「日経平均レバレッジ・インデックス連動型上場投信ETF」と逆の銘柄で、日経平均株価が下がれば下がるほど利益を出すことができる「日経平均ダブルインバースインデックス連動型上場投信」です。

「日経平均ダブルインバースインデックス連動型上場投信ETF＝日経ダブ」（1357）

売買代金は、日経レバレッジほどではないのですが、活用のしやすさからも、リスクヘッジとしてダブルインバースを保有している人も多いです。

日経平均株価が下げ相場であれば、利益をたくさん生み出す可能性が高いのは言うまでもありません。ここまでは一般的な手法で、単純に2つを使い分けて売り買いすればいいということです。

そこで、「裏ワザ」になりますが、**「日経平均レバレッジETF」を、信用取引で「カラ売り」する方法**がそれ。急落に備えて、形はカラ売りをしておくわけですが、信用取引の

日経平均レバレッジ・インデックス連動型上場投信（1570）

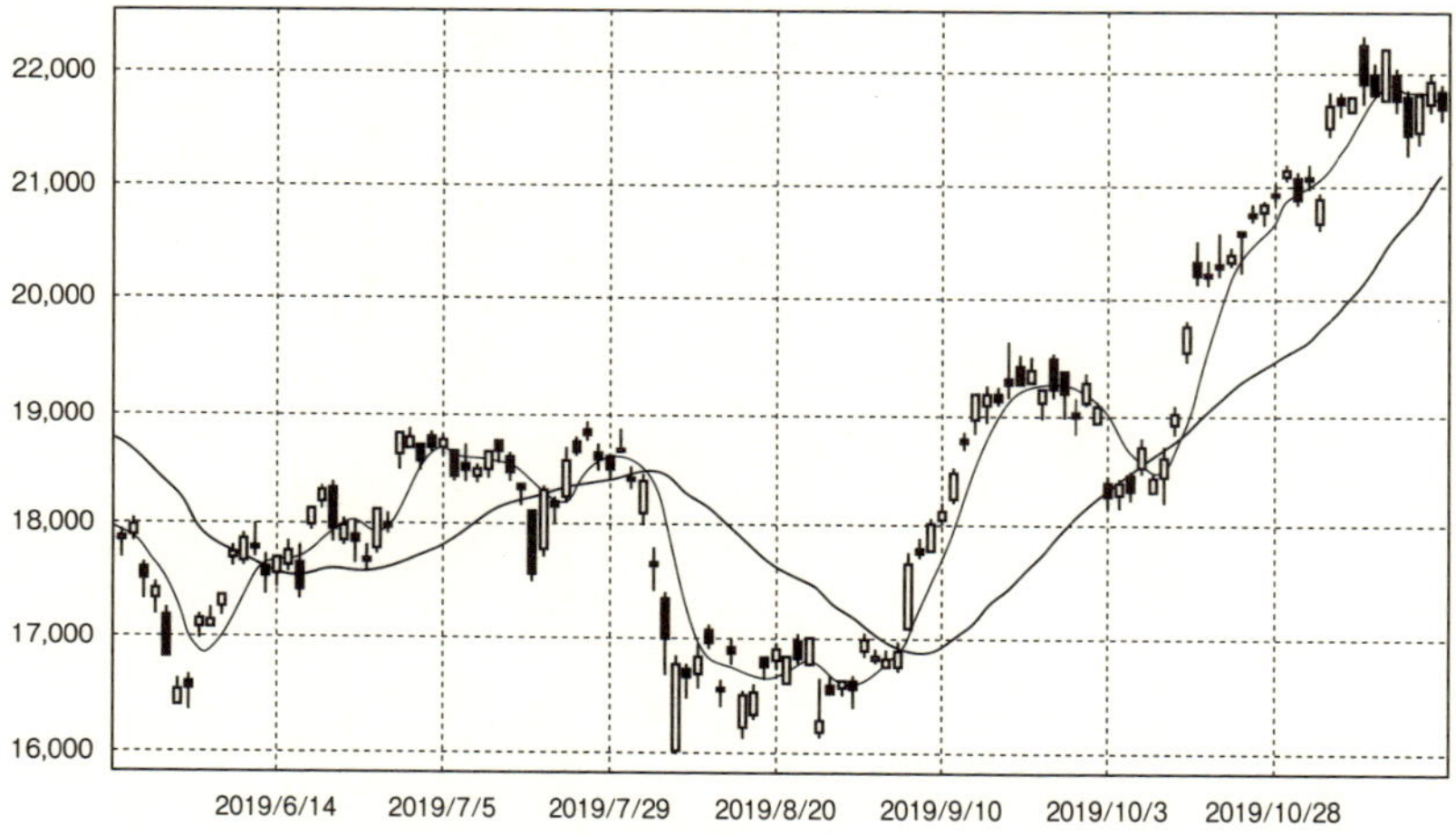

日経平均ダブルインバース・インデックス連動型上場投信（1357）

出所：SBI 証券

場合はレバレッジが3倍まで可能、もともと2倍になる商品設計ですので……ここまで書けば、何がいいたいのかわかりますね。

人生や仕事と同じで、上昇していくのはコツコツと積み上げて行くのに対して、急落相場になると一気に転げ落ちていきます。その転げ落ちていく（＝急落する）ところを、スピード勝負（短期間）で利益を稼ぐ、それがこの投資手法の趣旨です。

ただし、踏み上げる（＝担がれる）と、今まで利益が出た以上にもっていかれるので、「潮目の変化」をいち早くキャッチしておくテクニックを身につけることが大切です。

ここまでで気づかれたと思われますが、同じやり方で、ダブルインバースをカラ売りする方法もあります。

この2つのＥＴＦを両方現物で買って（両方合算した収益は理論的にいつもゼロ）、それぞれを、相場に応じてカラ売りをすれば、バリエーションが広がるのです。

◐ダブルインバースの仕組み

ダブルインバースという銘柄は、日経平均株価が下がると逆に、ダブルインバースの株価が上がるというものです。しかも、ダブルと名前がついている通り、日経平均株価の変動に対して2倍の値幅で連動して動く仕組みになっています。

個別の株の銘柄とは異なり、企業の業績やら、将来性などいちいち考えなくても、日経平均株価の予測だけを行えば良いことになります。

また、ダブルインバースという銘柄は、買ったり売ったりするのも、普通の株と同じように行えます。

もちろん、言うまでもなく証券会社の口座を開設することは必要ですが、口座を開設できれば、あとはほかの株と同じように取引ができる銘柄です。

数年前までは、ダブルインバースのような、日経平均株価が下がると上がるという銘柄はなかったのですが、２０１４年の夏頃に上場をしました。以前なら、日経平均株価が下がることに対応するには、信用取引でのカラ売りなどをしなければいけませんでしたが、ダブルインバースという銘柄ができたことで、そんなことをしなくても良くなっているのです。

ダブルインバースの仕組みとしては、日経平均株価が上がると、その分ダブルインバースの株価は下がってしまいます。逆に、日経平均株価が下がると、その分ダブルインバースの株価は上がるという仕組みになっています。

ダブルインバースは、日経平均株価の上がり下がりに対して、約2倍の連動性を持っていますが、その仕組みは、それぞれの株価にあるようです。

逆日歩がつく場合もあるので、それを念頭におきながら、裏ワザでヘッジをかけておくのも投資の１つです。

おわりに

そもそも私が証券会社に就職した理由は、母親の存在が大きく影響しています。

もともと母親は身体も弱く、旅行など外に出ることもあまりしない、とても穏やかな性格の人で、私の教育費や大学の授業料を捻出するために、株式投資をしていました。

実家の裏の土地を購入し、年金生活だけでは心もとないとアパート経営を始める資金もすべて、株式投資で資産形成をしてきたのを見てきて、「本当に株って儲かるのかしら?」という興味を持ったのがきっかけでした。

母親は、投資の才能があったのか、我が家のリビングの壁には東山魁夷《かいい》や平山郁夫、竹久夢二などの絵画が並び、ちょっとした小さな美術館状態になっていました（私にはその価値がさっぱりわからなかったのですが）。

これも株式投資で得た利益からです。性格は私とは真逆（?）の普通の主婦でしたが、今考えてみると、株式においては、その投資法は思い切ったものだった感じがします。

母親はよく証券会社の営業マンと電話でやり取りをしていましたが、私の記憶に残っている言葉があります。

「下がったままの株を持っていても仕方がないので、売っちゃってください」

そう、いわゆる「ロスカット＝（損切り）」をしっかり行っていたのです。

「そうか、株っていうのは、ズルズル引っ張ってはダメなんだ」

当時の私は、株のことはわかりませんでしたが、自然と投資哲学を学んでいたのです。

そんな環境で育って、私はこの業界に入ったのですが、実際の株式投資というのは、儲かるばかりではありません。

お客様の大切なお金を減らしてしまうと、相当なお叱りを受け、クレームが全国から届きます。特に、下げ相場の時期にはよくありました。そうした経験から、損を少なくして儲かる秘訣《ひけつ》を考え、伝えたいと常々考えていました。

株で儲かると、どんなお客様でも満面の笑顔になり、こちらも幸せな気持ちになります。ですから、どんな相場のときでも利益が出せるようにしてあげたい――このことをずっと追求してきました。


そこで、今回、投資の方法として「売り」をメインに執筆を試みました。なかには売り一筋で新築のタワーマンションを購入された投資家もいますが、私は売りオンリーの投資はお勧めしません。あくまでもロングアンドショートでやるべきと考えています。

1本調子の上昇相場でなく、上げと下げが交互にくる相場であれば、買いと売りの両方でチャンスが訪れます。また、リスクヘッジという意味でも、「売り」を主体とした投資方法は、これからの時代、必須になってくるでしょう。

日本人投資家の9割方は買いから入ると言われています。たとえば、現在のNYダウのように右肩上がりの相場ならば、長期保有でそのまま保有すれば良いのですが、なかなかそうもいかないのが日本株。買うと下がり、じっと我慢し、「株式投資は辛抱が大切なんですね」と話す投資家もいますが、そんな辛抱は精神的によくありません。そこで「売り」を活用すれば、辛抱するとしても、その時間がぐっと短くなると思います。

欧米では、投資の考え方として、「売り」も常識となっています。買って下がるならドテン「売り」で儲けてみましょう。相場格言に「人の行く裏に道あり花の山」というのがありますが、過熱した上昇相場から一歩引いて、こっそり売って儲ける——本書を繰り返して読んで、ぜひ売るスキルを身につけてください。

私が現在、籍をおいているSBI証券は、将来的には、株式売買手数料がゼロになると予想します。手数料が無料ならば、1日ちょっと売買して3万円程度の利益を上げることが簡単にできる時代がもう、すぐにやってきます。どうぞ、活用して年金で足らない2000万円を稼ぎましょう。

この本を読んで下さったあなたが、少しでも投資のテクニックやスタンスを構築して、株式投資を通じて人生の視野が広がり、素敵なライフデザインを描いて、そして大金持ちになっていただけますよう心からお祈り致します。

最後に、「フォレスト出版で売りの本を書いてみなさい！」と肩を押してくださった、国際エコノミストの今井澂先生のご縁に心から感謝申し上げます。また、出版局の稲川智士局次長、タイトなスケジュールのなか、たくさんチャートを夜明けまでかけて作成していただいた沖浦康彦さんへ心から感謝の気持ちと御礼を申し上げ、筆を置きます。

２０１９年12月

ＳＢＩ証券　投資情報部　シニア・マーケットアドバイザー　雨宮京子

〈著者プロフィール〉
雨宮京子（あめみや きょうこ）

◎SBI証券投資情報部シニア・マーケットアドバイザー。1日100億円を動かした元カリスマ証券レディ。
1987年日興證券入社。独立後、長野FM放送アナウンサー、ラジオ短波（現ラジオ日経）、フジテレビレポーター、『週刊エコノミスト』（毎日新聞社）記者などを経て、日経CNBC東証アローズキャスター、テレビ東京マーケットレポーター、ストボTVキャスターとして活躍。
◎わかりやすく解説する「株のお姉さん」として親しまれる。「第1回銘柄推奨人最強ランキング」（飛鳥新社）女性部門で第2位、『ネットマネー』（産経新聞出版）個人投資家1000人大調査「株のプロで好きな人」部門で第3位、2014年Yahoo! 株価予想11連勝、勝率94%達成、『夕刊フジ』株-1グランプリ2018年度グランドチャンピオンなどを獲得している。
◎主な著書に『はじめての人の株入門』（かんき出版）、『株の教則本』（インデックスコミュニケーションズ）などがあり、初心者でもわかりやすい本を執筆している。

◆著者HP：https://www.amekyon.com/

〈装丁〉竹内雄二
〈DTP・図版作成〉沖浦康彦

世界一わかりやすい株の売り方

2019年12月21日　　初版発行

著　者　雨宮京子
発行者　太田　宏
発行所　フォレスト出版株式会社
〒162-0824 東京都新宿区揚場町2-18　白宝ビル5F
電話　03-5229-5750（営業）
03-5229-5757（編集）
URL　http://www.forestpub.co.jp

印刷・製本　萩原印刷株式会社

ISBN978-4-86680-063-9 Printed in Japan